地域と理論から考えるアジア共同体

坂井一成［編］

芦書房

地域と理論から考えるアジア共同体

目次

序　章　地域統合の現在

アジア共同体の可能性・課題を模索するにあたり、まず本章では、地域統合という概念についての検討と、ある領域がいかにして一つの「地域」として認識されるのかについての整理、そしてとくにＥＵ（欧州連合）における事例を参照しつつ、アジアについての課題と可能性を検討する際の足がかりを確認していきたい。

1　地域統合とは

地域統合（regional integration）と称される動きをみるとき、そこにはどのような含意があるだろうか。

ある地域内で複数の国家が政策的に相互協力を深める状況を地域協力（regional cooperation）と呼ぶことができる。これに対し、EUに関しては一般に地域統合が用いられる。この場合、地域協力とは異なり、超国家的機構創出の意味合いが強い。ここで統合（integration）とは、「複数部分から一つの全体を、つまりもともと分離していた諸単位を一つの一貫したシステムの構成物に転換すること」[1]と理解ができる。EUを念頭に言い換えるならば、複数の国家という政治的社会的集団が共通の目的達成のために各々の自主性を相互に委譲し合い、共通の準則のもとでより大きな政治的社会的構成単位（つまりEU）を形成する過程と考えることができるだろう。

また近年では、地域主義（regionalism）という表現が用いられることが多い。これは経済・社会面の動きも含め、地域単位での政治的連携を柔軟で包括的に検討するものであり、EUをはじめ、ASEAN（東南アジア諸国連合）、APEC（アジア太平洋経済協力）、MERCOSUR（南米南部共同市場）、アラブ連盟、AU（アフリカ連合）、SOC（上海協力機構）など、様々な事例がこの表現で包摂されてきている。

地域とは

地域主義であれ地域統合であれ、そこでは「地域」（region）の括り方を考えざるを得ない。

先ず、特定の地域について学際的にその姿を理解する目的で発展してきた学問である「地域研究」（Area Studies）に目を向けてみたい。[2] ここでの地域としては、第一に同一性や共通性に着目した区分とみる方法、[3] 第二として、逆に、本来バラバラであるところに関係性やネットワークに基づいて区分を見いだすやり方[4]とがある。これらは、見方を変えると、西欧近代主義の視線からの脱却を目指す方向性と、逆にアンチ西欧近代には懐疑的な方向性と理解することもできよう。

ところで地域統合を検討する際の地域（region）は、地域研究の地域（area）とは、英語表記で異なるように、似てはいるが本来は異なる概念であることに留意がいるだろう。[5] しかしそれ以上に重視したいことは、地域（regionであれareaであれ）の捉え方が、今日では、いずれにしてもグローバリゼーションによる越境現象によって国民国家の枠組みの相対化が著しいこと、しかし逆に「グローバリゼーション万能主義と普遍的価値万能主義の議論も危険である」[6]ことを前提に、グローバルな要素と地域の固有性との融合と摩擦・反発を確認し、検証しながら、当該地域の「かたち」を捉えていくことにあろう。

地域の認識

では、地域の当事者はいかにして地域性を認識することになるのだろうか。ここでは、先に挙げた同一性や共通性、逆に関係性やネットワークという要因・過程のいずれかにこだわることではなく、現実にある地域認識が生まれ、地域的な制度化が進展する様態を念頭に、いかにして地域としてまとまっていくのかを考えたい。

地域認識を促す要因としては、大きく分けて内的要因と外的要因とに分けられる。[7] 内的要因は、共通の文化・宗教・歴史などを土台とする、あるいはそうした要素を十分には備えなくとも域内の加盟国や市民のレベルで安全保障や経済発展などの理由から協働の必要性を認識するものである。他方、外的要因は、当該地域の統合に対してこれを促す域外からの働きかけの存在や、逆にこれを妨げる要素がないことである。

EUを念頭に考えてみるならば、第二次世界大戦直後、仏独間の戦争を再度起こすことなく、経済復興を成し遂げるという必要が強く認識された。そのための具体的手段として、一九五〇年のシューマン宣言によって仏独両国にまたがる領域で採取される石炭・鉄鋼を共同管理することを目的とする欧州石炭鉄鋼共同体（ECSC）の設立が謳《うた》われ、この二ヵ国にオランダ、ベルギー、ルクセンブルク、イタリアが加わり、一九五二年パリ条約発効によってEUの母体となる最初の地域統合体が六ヵ国体制で発足する。他方で外部からは、冷戦の進行のさなかにあって、ソ連による共産主義勢力の拡張を食い止めるため、西欧の復興はアメリカ合衆国にとって不可欠な戦略に位置づけられた。トルーマン・ドクトリンとマーシャル・プランによってアメリカによる西欧の民主主義陣営の支援がなされ、とりわけマーシャル・プランがECSC設立への資金につながっていった。[8]

また、ASEAN（東南アジア諸国連合）のケースでは、冷戦のさなか、共産勢力が国家・社会にとっての脅威とされて共産党を非合法化していたインドネシア、マレーシア、フィリピン、シンガポール、タイの五ヵ国を原加盟国として一九六七年のバンコク宣言によってスタートする。形式的には外的要因によって促された地域形成に見えるが、そこでは共産主義の脅威に限らず、国内や近隣でのエスニック紛争、経済発展の困難性や国家としての独立の維持などの課題に直面し、「相互不信に苛まれた国々が、あるいは互いに緊張関係にある国々が、各々の国益の観点から地域協力にコミットすることによって、近隣諸国との友好関係を確立しようとした結果」がその本質にあると捉えられる。[9]

ケースによって内的要因と外的要因の作用の度合いは異なるが、これらが当事者間での相互協力を不可避とする地域認識を高め、その後の協力・統合の制度化への基盤となることは理解されよう。

統合の種類

地域認識のプロセスや要因がケースごとに異なるように、統合の内実にも大きな差異がある。統合の性格は、分野に応じて①経済統合、②社会統合（価値の統合）、③安全保障共同体（多元的安全保障共同体）、④政治統合と分けることができるだろう。[10] 最も統合が進んでいるEUの場合、経済統合から始まり、社会統合、安全保障共同体の形成も進めつつ、政治統合をも視野に入れた形を示しつつある。逆に、他地域での事例では、多くの場合、経済統合は推進しているものの、他の分野での成果は必ずしも大きくはない。

統合が困難にぶつかるのは、統合によって得られる利益よりも国家主権の弱体化の方が当該国に強く認識されるケースである。EUを見ても、原型となる欧州石炭鉄鋼共同体（ECSC）が資源の共同管理に徹した経済統合であり、直後に提案のなされた欧州防衛共同体（EDC）がまさに国家主権が拘束されることを嫌うフランス議会の反対に遭い頓挫すると、一九八〇年代後半までは欧州経済共同体（EEC）、欧州原子力共同体（EURATOM）という、経済面での統合に特化した形で進んでいった。ただし、EUの場合、冷戦の進行の下、政治面で民主主義制度とその理念の共有が強固なものになりながら、経済面での統合を多面的に進める過程でヒト、モノ、カネの移動の自由を促す自由主義の共有も強められていった。このことは、価値の統合である社会統合の進展、さらにはNATO（北大西洋条約機構）を通じた安全保障面での協力強化も相まって、安全保障共同体の形成も進んだとみることができる。そして一九九三年にEC（欧州共同体）がEUへと発展した際、EU設立条約（マーストリヒト条約）に共通外交・安全保障という柱が加えられ、政治統合への一歩を踏み出したと見ることができるだろう。[11]

他方、アジアを含む世界の他の地域に目をやると、ここまで統合が多様な分野に及んでいる事例は見られない。また、ここでは「経済統合→社会統合→安全保障共同体→政治統合」を単線的な発展過程として捉えたが、この流れも必ずしも普遍的なものではなかろう。社会統合が先行し、その上に経済統合が進む可能性もあろうし、安全保障共同体の基盤を固めた上で経済統合へと進むこともありうる。実際、例えばＡＳＥＡＮを見るならば、上述のように近隣諸国との友好関係の構築が先ずは不可欠と認識されたために安全保障に関わる結束を進め、その後に加盟国のなかの二国間でのＦＴＡ（自由貿易協定）の積み重ねが進むなどの経済統合の側面が現れてきている現状を見ることができる。しかし、政治統合については、国家主権の根幹に関わるものである以上、これがもっともハードルが高い統合であるといえるだろう。

2　世界で進む地域統合

なぜ地域統合か

前節で地域統合のほかに、地域協力や地域主義という用語の使われ方もあることを見たが、その最も先進的事例とされるＥＵを念頭に置くときには地域統合と捉えられることが一般的であり、しかも学術研究もＥＵの果たしてきた地域統合を足がかりに進展してきたことを踏まえ、地域統合の語を用いて論を進めていきたい。

ＥＵに限らず、世界各地で地域統合への動きがあることは論を待たない。ではその背景には何があるのだろうか。第一に考慮に入れなくてはならないのは、国際化とグローバリゼーションの加速度的な進展という国際環境の動態である。国際化（internationalization）を「領域に基礎をおきつつ境界を越える交流についてのプロセス」、グローバリゼーション（globalization）を「空間を超越し時間を圧縮するプロセス」[12]とする定義を援用するなら、そこでは国際化によって国家という領域的なアクター間の交流が増大し、グローバリゼーションによって非領域的な企業や市民レベルでの交流の増大を通じて規範・ルールなどの収斂が促される。

この状況において、相互依存関係に眼をやらなくては国際関係の現実は浮かび上がらない。経済面の相互依存を取り上げると、一九七〇年代にアメリカがドルと金の兌換《だかん》を廃止し、世界経済におけるドル支配に区切りを付けたことが象徴的な出来事であった。これの意味するところは、米欧アジアを含む多くの国・地域の間での相互依存の進展が世界経済の基調をなすようになり、超大国が一国でこれを担うことの限界が明らかになり、どの国も他国との依存関係のなかで自国経済を成り立たせていくことが不可避な時代になっていることが自明となった。こうしたなかで、関係性の深い近隣諸国間での協力関係の構築は、相互依存関係を安定かつ強固なものにする最適な政策選択になったといえる。さらに近年では、一部は経済に連動しながら文化面での相互依存も深まってきており、この点も地域統合が進展する背景理解に示唆を投げかける要素といえるだろう。

第二に平和維持である。ＡＳＥＡＮの発足の意図がそうであったように、またＥＵが最初のＥＣＳＣにおいて仏独の戦争の再発を防ぐことに意を尽くしたように、地域内での戦争・紛争の予防という目的が大きな役割を果たすことが見て取れる。統合を進めることにより、上述の相互依存関係の深化も相まって、仮に潜在的に対立の要素を内在させているケースにおいても戦争を起こすことを不可能とさせるのである。

第三にリスクの分散である。経済の面に着目すれば市場の拡大、安全保障の面では当該国の間での紛争の予防、政治的には地域の複数の国が結束することによる国際社会でのプレゼンスの強化が期待されるが、逆に言えば、一国ではこれは困難であり、さらに一国でこうした側面での前進を図ろうとする場合、そこには失敗した際のリスクを自国のみで負担することになる。地域諸国間でこうした目標に向けての活動を進めている場合には、自国が何らかの失策を犯した場合の損害を、域内諸国にとってもその損害が及ぶ可能性が高いために救済に乗り出すことが期待される。こうして、地域諸国間での連携の強化が進んでいれば、当該諸国は各々が一国だけで諸政策を推進する場合に比べて、その失敗のリスクをパートナー諸国との間に分散することが可能となる。

最後に、第三の点でも触れたが、地域が政治面を含め広く国際社会のなかでのプレゼンスの向上を実現することにより、域内国にとっては国際社会での政治イニシアティブを発揮する基盤に活用できるというメリットが期待される。例えばEUにおけるフランスが、まさにこうした地域統合を基盤にした世界での政治力向上という形を体現している。

統合の説明からガヴァナンスの理解へ

世界に目をやると地域統合に進む動きにはこれまで一九六〇年代、一九八〇年代、一九九〇年代と三度の波があったと理解されている[13]が、いずれにおいても先頭に立っていたのはヨーロッパだったといえるだろう。そこで欧州石炭鉄鋼共同体（ＥＣＳＣ）からＥＵに至る統合のプロセスについて、どのような分析枠組みが提示されてきたのかという観点から、地域統合のどこに注目がなされるべきなのかを検証してみたい。
統合の初期においては、統合の度合・プロセスに注目が集まり、以下の四つの分析枠組みが展開された。第一に目を向けておく必要があるのは連邦主義（federalism）であり、統合参加国が国家主権を常設の国際機関（＝連邦政府）に委譲し、制度的な統合を進める考えで、政治的制度的統合が第一目的であると理解された。これは両大戦間期のクーデンホーフ＝カレルギーの「汎ヨーロッパ」思想が展開していたもので、一番ラディカルな思考であったといえる。
第二にあげる機能主義（functionalism）は、欧州防衛共同体（ＥＤＣ）の失敗後、ヨーロッパが当面は経済領域からの統合に絞る方向へ舵を切っていく現実の営みなかで、ある経済領域から他の経済領域へ、そこからさらには政治領域への統合の「スピルオーバー（波及）」が進むという仕組み重視した理論枠組みであった。ここでは「政策的」統合を図るのみで、制度的統合は視野の外に置かれた。これに対して、「制度的」な政治統合を念頭に置いた第三のアプローチが新機能主義（neo-functionalism）であり、一九五〇年末になってＥ・ハースらが議論を展開していく。[14]
以上に加えて、交流主義アプローチ（transactionalist approach）があげられる。Ｋ・Ｗ・ドイッチュが論じたように、国家社会間コミュニケーションの増大に伴う連帯感の醸成から「安全保障共同体」（security community）の形成へと進むプロセスを重視したもので、「安全保障共同体」を統合の完成体と想定した。[15]
しかしながら、これらのアプローチは、ディーズとヴィーナーの整理によるなら、「なぜ統合が進展したのか」を説明するものであり、一九七〇年代にＥＣ統合の制度的前進自体が停滞を見せると、研究も停滞してしまう。そこで一九八〇年代以降になって登場してくるのは、主権国家とみなすことはできないがそこには確たる政治秩序が生み出され、権力の行使もなされるＥＵとは、はたして「どのような政体なのか」を分析しようとするアプローチであり、これを説明するための概念として「ガヴァナンス」(governance) を用いたアプローチが前面に出てくる。[16]「政府なきガヴァナンス」(Governance without Government)[17] という表現が示すように、主権国家の要件の一つである政府が存在しなくとも実質的な統治（ガヴァナンス）が機能している政体の分析に挑む、というものである。

主権国家が厳然たるアクターとして存在するなかで、これと同時に存在し機能しているＥＵを射程に収めるため、ここではアクターの多様性・多層性に留意する目線が注がれるようになった。「多層ガヴァナンス」(Multi-level Governance)[18] という概念が導入されるが、これによるとＥＵという最も大きな枠組みのなかに、加盟国国家、さらには下位国家アクターを含む複数の政治枠組みが共存し、各レベルが各々ガヴァナンスを機能させながらも、その間には強い相互依存関係があり、しかしハイラーキーな関係にはないとみる。ガヴァナンスを鍵概念にＥＵという政体の性質を明らかにしようとするアプローチは、ＥＵの内部における政治過程の叙述方法やＥＵが発する権威・権力の機能の仕方の分析に注目し、ＥＵレベルでのルールや制度、慣行の「ヨーロッパ化」(Europeanization)[19] のプロセスを明らかにすることに関心が集まっていった。[20]

3　アジアを考える――政治文化、安全保障文化をこえて

ＥＵの事例を足がかりにアジアを含めた世界の他の地域での地域統合の実態や可能性を検討する

際、ＥＵそのものについての検討はもちろん重要であるが、同時にＥＵとその周辺地域との協力関係の構築も注視することに意義がある。上述のようにＥＵでさえも一九七〇年代に制度的な統合の進展にブレーキがかかった過程で、ガヴァナンスのあり方やその形成過程に注目を集めるようになったわけであるが、統合の制度化の面ではＥＵほどではない状況である他地域の考察においても、ガヴァナンスの観点からの地域の分析は、地域の結束を見出すアプローチとして意味があるということである。

ここではＥＵと地中海の関係に目をやるが、北にＥＵ、南に北アフリカおよび中東諸国が位置する地中海周辺地域は、一九九五年にバルセロナ・プロセスという協力枠組みが始まって以来、地域協力関係を深めてきた。二〇〇八年にはＥＵ加盟国のすべてに北アフリカ、東中東諸国を含めた地中海連合（Union for the Mediterranean）という地域国際機構も発足し、地中海地域の地域統合の第一歩を踏み出したとも言えなくはない。しかし、この枠組みはＥＵ自体に比べるとはるかに脆弱で、加盟国を拘束するルールの制定も十分には進んでいない。しかし注目すべきは、自由民主主義を基盤とするＥＵ諸国と、イスラムの価値観を優先する北アフリカや中東諸国という、異なる政治文化を有する国々が、文化的な価値の面での壁を次第に乗り越えようとしている点である。[21]

さらにＥＵと地中海の事例は、政治文化の相違にとどまらず、「安全保障文化」（security culture）の相違を乗り越えて、一つの地域統合の枠組みの構築が促されている事例とみることも可能である。安全保障文化とは、何を安全保障の対象とするか、そのための手段は何かについての価値観の束と考えることができるが、[22]ＥＵ諸国と南地中海諸国とでは大きな相違がある。端的にいえば、①軍事力を最優先に安全を守る価値観が前面に出る「ウェストファリア型」か、②非軍事的で予防外交的な手法の重視が前景化する「ポスト・ウェストファリア型」かという違いがあげられる。[23]ＥＵ諸国はいずれも軍事力を持ち、とくにフランスとイギリスは核兵器すら持っているが、南地中海諸国に比べると、その手法は②に近いと理解される。こうして、政治文化だけでなく安全保障文化にも大きな違いのある国々が、地中海連合という一つの地域統合の仕組みを作り、そこで緩くではあるが共通の規範の形成が進んできていることは、アジアの地域統合を考えるに際しても示唆を含んでいる。

アジアでの地域統合を検討する際、そこでは安全保障文化の相違を乗り越える必要性に直面する。例えば日本と中国を考えたとき、前者はウェストファリア型からポスト・ウェストファリア型への移行が進んできているが、後者ではウェストファリア型が前景化している。この状況で共通の安全保障を進めるには乗り越える壁は大きい。

ではこの壁をどうやって克服することが可能なのだろうか。そのためには、①経済相互依存を深めることで事実上そこに戦争状態を作り出せなくすること、②政治・外交交渉の積み重ねによって相互の信頼醸成を図って協調を生み出すこと、③文化交流を通じて草の根の理解を促して平和の基盤を構築することなどがあげられるだろう。このどれもが必要であり、実際、EU統合の過程でフランスとドイツがこうしたプロセスを経てきた。地中海関係においてもバルセロナ・プロセス以来、これら三つのアプローチの総合として地域的規範の形成を生み出そうとしてきている。多面的かつ総合的なアプローチが学術的にも政治的実践にも欠かせないことを、先行事例は物語っているといえよう。

注

（1）Deutsch, Karl W., *The Analysis of International Relations*, 3rd Edition, Prentice-Hall, 1988, p.212.

（2）国分良成「地域研究と国際政治学の間」日本国際政治学会編『日本の国際政治学3　地域から見た国際

政治』有斐閣、二〇〇九年、一三―一四頁。

（3）例えば高谷好一『新世界秩序を求めて――21世紀の生態史観』中央公論社、一九九三年。

（4）山影進「『地域』の語り口――東南アジア象を通して見る認識方法」『〈岩波講座　社会科学の方法　第Ⅶ巻〉政治空間の変容』岩波書店、一九九三年。

（5）山影進「地域統合・地域主義と地域研究」坪内良博編『〈総合的地域研究〉を求めて――東南アジア像を手がかりに』京都大学学術出版会、一九九九年、国分、前掲、一四頁。

（6）国分、前掲、一七頁。

（7）Andrew Hurrell, "Regionalism in Theoretical Perspective," in Louise Fawcett and Andrew Hurrell, eds., *Regionalism in World Politics: Regional Organization and International Order*, Oxford University Press, 1995, p.41, L・フォーセット／A・ハレル編（菅英輝・栗栖薫子監訳）『地域主義と国際秩序』九州大学出版会、四五頁。

（8）清水貞俊『欧州統合への道――ECからEUへ』ミネルヴァ書房、一九九八年、二〇頁、岡義武『国際政治史』岩波書店、二〇〇九年、二八八頁。

（9）山影進「危機と変革の中のASEAN拡大――ASEAN10はどのような課題を抱え込んだのか」末廣昭・山影進編『アジア政治経済論――アジアの中の日本をめざして』NTT出版、二〇〇一年、三〇―三一頁。

（10）山本吉宣「地域統合の理論化と問題点」山本吉宣・羽場久美子・押村高編『国際政治から考える東アジア共同体』ミネルヴァ書房、二〇一二年、五―一九頁。

（11）国家主権を地域統合に委ねるか否かの戦略性については、坂井一成「EU統合下における地域と国家主権の位相」濵本正太郎・興津征雄編『ヨーロッパという秩序』勁草書房、二〇一三年を参照。

（12）Peter J. Katzenstein, *A World of Regions: Asia and Europe in the American Imperium*, Cornell University Press, 2005, p.13, P・J・カッツェンスタイン（光辻克馬・山影進訳）『世界政治と地域主義――世界の上のアメリカ、ヨーロッパの中のドイツ、アジアの横の日本』書籍工房早山、二〇一二年、二九頁。

（13）山本吉宣『国際レジームとガバナンス』有斐閣、二〇〇八年、二一九―二二七頁。

（14）例えば Ernst B. Haas, *The Uniting of Europe: Political, Social, and Economic Forces 1950-1957*, Stanford University Press, 1968.

（15）Karl W. Deutsch *et al.*, *Political Community and the North Atlantic Area*, Princeton University Press, 1957.

（16）Thomas Diez and Antje Wiener, "Introducing the Mosaic of Integration Theory," in Antje Wiener and Thomas Diez, eds., *European Integration Theory*, 2nd Edition, Oxford University Press, 2009, pp.7-10, トマス・ディーズ／アンツェ・ヴィーナー「統合理論のモザイク状況への招待」、アンツェ・ヴィーナー／トマス・ディーズ編（東野篤子訳）『ヨーロッパ統合の理論』勁草書房、二〇一〇年、一〇―一四頁。

（17）James N. Rosenau and Ernst-Otto Czempiel, *Governance without Government: Order and Change in World Politics*, Cambridge University Press, 1992.

（18）Liesbet Hooghe and Gary Marks, *Multi-level Governance and European Integration*, Rowman & Littlefield Publishers, 2001.

（19）Maria Green Cowles, James Caporaso and Thomas Risse, eds., *Transforming Europe: Europeanization and Domestic Change*, Cornell University Press, 2001.

（20）Diez and Wiener, *op.cit.*, pp.9-10, ディーズ&ヴィーナー、前掲、一四頁。

(21) Eduard Soler i Lecha, "Converging, Diverging and Instrumentalizing Security and Defence Policy in the Mediterranean," in Esther Barbé and Anna Herranz-Surraillés eds., *The Challenge of Differentiation in Euro-Mediterranean Relations: Flexible Regional Cooperation or Fragmentation,* Routledge, 2012.

(22) Emil Kirchner and James Sperling, eds., *National Security Cultures: Patterns of Global Governance,* Routledge, 2010.

(23) James Sperling, "National Security Cultures, Technologies of Public Goods Supply and Security Governance," in Kirchner and Sperling, *op.cit.*, p.12.

（坂井一成）

アジアの主な地域機構

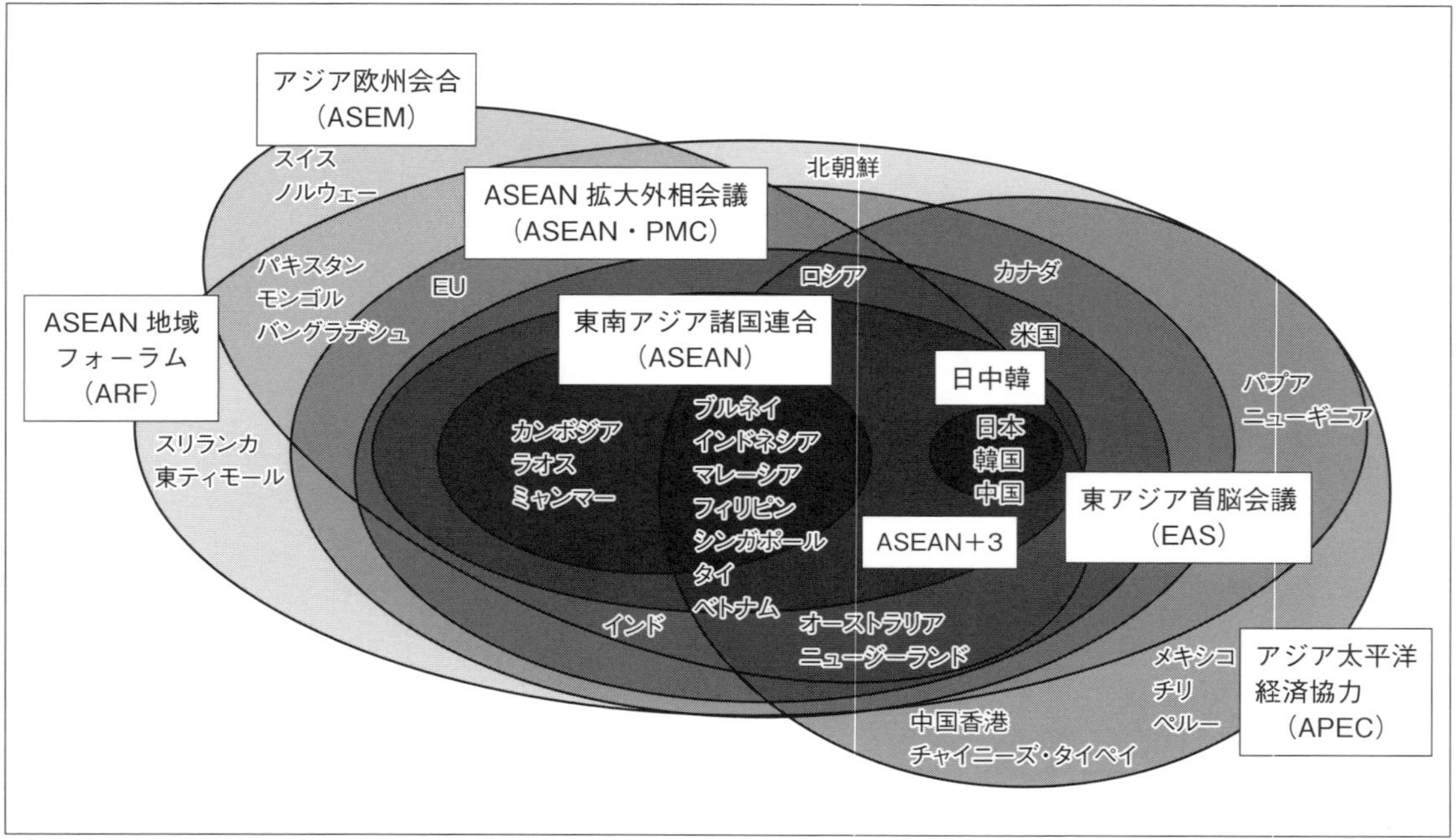

（ 注 ） ASEMには、欧州連合とEU加盟国28カ国がそれぞれ参加。
（出典） 外務省『外交青書』（2013年版）（http://www.mofa.go.jp/mofaj/gaiko/bluebook/2013/html/chapter2/chapter2_01_06.html#h020106）をもとに編者作成

第1部　アジア共同体とアジア諸国

第1章　日本とアジア共同体

1　日本にとってのアジア共同体

国際社会において、共同体構築を目指すということは、本来、単に複数の国家間で協力を深化する、ということ以上の試みであると解するべきである。この点に関して、最初に二つの論点を提示しなければならない。一つは、アジアにおいて共同体形成が論じられる際、経済統合にむけた協力に力点が置かれがちであるが、経済統合を目指すにしても、政治・安全保障環境の安定や価値や規範、「我々意識」のある一定程度の共有という方向性もあわせて目指さねば、経済統合やそれがもたらす繁栄も安定的かつ持続的なものになるのは難しいということである。さらにもう一つ、日本にとってアジア共同体構築という課題は、国際社会および地域におけるパワー・バランスの変動とそれに伴う地域環境の変化の中で、日本が今後の進路をどう切り開いていくのか、という重要なテーマと絡むということである。

本章は、上記の二つの論点をふまえつつ、実際に日本がこれまでアジアにおける共同体構想にどのように関わってきたのか、を検討するとともに、日本にとって地域共同体構築の意義とは何かを問うものである。アジア共同体を巡る議論は、現在日中関係や日韓関係がこれまでにない緊張状態にある中で下火になっている。ただ、日本が新たな国際環境に対応する際の一つの方策として、地域共同体構築をも視野に入れた検討を行うことは実は今後いっそう重要になっているのである。

2　地域共同体への関与を抑制した要因

冷戦期の日本外交は、岸信介政権の東南アジア開発基金構想の提唱や、東南アジア開発閣僚会議の設置、アジア太平洋協議会（ＡＳＰＡＣ）への参加など、地域主義的アプローチをもってアジアとの関係構築を進めようとした例はいくつかみられる。しかしながら、地域共同体構築ということを政府レベルで正式に打ち出すような政策を決してとらなかった。一部の政策エリートや学識経験者らが「共同体」構築を打ち出していたのは事実である。例えばクーデンホーフ＝カレルギーの汎ヨーロッパ主義に強い影響を受けていた鹿島守之助は一九六〇年代前半の時期において「太平洋共同体」ないし「アジア太平洋共同体」構想を提唱した。また、環太平洋連帯構想が提唱された前後の時期は、様々な人々が「太平洋共同体」を謳った。しかし、政府レベルではアジアにおける何らかの「共同体」構築に関与することと自体を政策目標とすることはなかったのである。

このように、戦後しばらくの日本政府が、この地域における「共同体」構築という発想に対して基本的に消極的な姿勢をとった理由として、「大東亜共栄圏」の負の遺産を当時の政策エリートたちが強く意識していたことがあろう。さらに「共同体」という日本語自体が、排他的な意味合いを多分に含むことが影響したのかもしれない。しかしもっとも大きな理由は、地域環境を勘案した場合、日本にとって望ましい形でアジアにおいて何らかの共同体構築を構想すること自体が困難な状況だったことである。

日本はアメリカとの同盟関係の堅持と、アジア諸国との関係構築とを矛盾させない形で進めなければならなかった。よって冷戦期のアジアにおいて、日本もその一員たり得る「共同体」構築を目指すとすれば、同時期に進展していた西ヨーロッパにおけるＥＣやＣＥを軸とした西側諸国のみでまとまる地域統合と同様の試みをすることがまず考えられたであろう。しかし、日本はアジア諸国における反帝国主義、非同盟主義的な外交スタンスにも十分に配慮する必要があった。例えばマレーシアや、スハルト政権後のインドネシアのように、外交的に親西側路線を採っていた国であっても、植民地化された経験を基礎とした非同盟主義の志向性は根強かった。よって、あからさまに西側同盟を基調とする共同体構築にそうした国を取り込むことは難しかった。(1)

また、一九七〇年代初頭までの時期において、中国と将来国交を取り結ぶ可能性をつぶさないような外交的スタンスをとることは、日本のアジア外交における大きなテーマの一つであった。西側同盟的スタンスによるまとまりを形成することは、反共とともに反中的なスタンスを採ることとほぼ同義として解釈し得ることであり、この観点から好ましいものではなかったのである。実際日本政府は

ＡＳＰＡＣなどで一時示された、西側同盟というトーンを強く打ち出した地域構想には非常に消極的な姿勢をとった。

その観点から興味深いのは、大平正芳政権が提唱した環太平洋連帯構想であった。「連帯」という用語を用いていたものの、経済協力とともに相互信頼や相互理解の醸成という、共通の価値や規範の創出につながり得る要素を重視していたことにもその共同体志向は見て取れる。またこの構想では、太平洋における様々な側面における多様性を、連帯（＝共同体）を構築する障害ではなく、むしろそれが故にこの地域における各国は相互に補完し合うことができるとして、プラスの要素として読み替えられていることにも留意すべきである。大平首相が日米同盟を重視していたことをも勘案すれば、これは前述の「西側先進国との協調」ないしアメリカとの同盟関係の堅持と「アジアとの連帯」とを整合的なものとした共同体構想であった。さらにこの構想は、単に上記の二つのベクトルを含むということを超え、日本が取り巻く国際環境や地域環境、そしてその中で当時経済大国となっていた日本が果たすべき役割についての検討を含む、長期的なビジョン提示でもあったのである。

環太平洋連帯構想は、そのままの形でその後の日本外交の方針として受け継がれたわけではなかったが、その後一九八二年の太平洋経済協力会議（ＰＥＣＣ）の設立を始め、太平洋協力への機運が盛り上がる契機となった。ただ、日本の当時の多くの政策エリートたちの間で、既存の地域環境に日本が能動的に関与し、それを望ましい形に変えていくという志向性は、存在していなかった訳ではないにせよ、相当に抑制されていたのである。

3　「アジア太平洋における共同体」と日本

一九八〇年代末、日本の通産省がアジア太平洋における新たな地域枠組み形成を謳うアジア太平洋協力（ＡＰＣ）構想を提唱し、一九八九年のアジア太平洋経済協力（ＡＰＥＣ）設立につながったことは注目される。しかしこの構想は東アジアの経済的相互依存と経済発展の持続、アメリカとの貿易摩擦の解消など、経済的実利主義からの問題意識によるものであり、環太平洋連帯構想のように、共同体構築というところまで明確には踏み込んでいなかった。

ＡＰＥＣは「資本主義的市場経済による発展を目指す」ことを是とするという、価値・規範に立脚した地域制度である。よってＡＰＥＣは冷戦終結後、経済体制としての計画経済が開発モデルとしては捨て去られ、資本主義に立脚した経済運営によって発展を目指すことが「グローバル・スタンダード」となったという背景のもとで求心力を増した。その後、ＡＰＥＣはメンバー間の経済的相互依存の経済的な多様性を勘案ししつつ、開放性とパートナーシップ、自らの発展による自由で開かれた貿易体制への貢献、貿易や投資の自由化などを基調とする「アジア太平洋のコミュニティ community of Asia Pacific economies」というビジョンを打ち出した。(2) その後この「アジア太平洋のコミュニティ」のビジョンはＡＰＥＣ首脳会議によって採択される文書等に受け継がれていった。この「コミュニティ」は、貿易や投資の自由化や開発経済協力を進展させ、アジア太平洋の持続的発展を促すという経済的実利主義に立脚していた。

当時の日本にとって、こうしたAPECの経済的実利主義は、受け入れやすいものであった。さらに「アジア太平洋」という地域概念は、冷戦終結後もアメリカとの同盟関係を強化する方向を選んだ日本にとって、前述の日本外交にとっての二つの課題に矛盾なく対応するために都合のよいものであった。ただ、この経済的実利主義に立脚した「コミュニティ」は、価値や規範を一定程度共有しているまとまりを前提としていたとしても、安全保障や政治、「我々意識」をも視野に入れた「共同体」とはかなり異なったものであった。

マレーシアのマハティール首相が、一九九〇年一二月、東アジア経済グループ（EAEG）構想を提唱した際、マハティールは日本が主導力を発揮することを期待していた。しかしながらアメリカとの関係を重視する観点から（そしてアメリカからの実際の外交的圧力もあり）日本はそれにきわめて消極的姿勢を示した。この時期から、いわゆるアメリカを排除した「東アジア」と「アジア太平洋」が、まとまりを形成しうる「地域」の選択肢として競合する状況となる中、日本は明らかに「アジア太平洋」を支持する立場を取っていた。

4 「東アジア共同体」構想の浮上と日本(3)

日本の地域共同体についての消極姿勢に大きな変化がみられたのは、一九九七年夏、タイのバーツ暴落を契機としたアジア通貨危機以後のことであった。この危機に際して、アメリカおよびIMFは、積極的な支援をアジア諸国に対して行う姿勢を見せず、アジア諸国の失望を招いた。また、結局IM

F支援を受けたタイ、インドネシア、韓国が、少なくとも短期的には経済的パフォーマンスをさらに下げ、特にインドネシアにおいてはスハルト政権が崩壊するなど政治的混乱にもつながった。

こうした中で、日本は、自国の経済も打撃を受ける中でも、危機に陥ったアジア諸国への支援において中心的な役割を果たした。一九九七年秋、日本大蔵省（当時）の検討に基づいて提案されたアジア通貨基金（AMF）構想は、アメリカおよびIMFの強硬な反対により頓挫したものの、その翌一九九八年には、タイ、インドネシア、韓国、フィリピン、マレーシアに対する総額三〇〇億ドル規模の支援プログラムである新宮沢構想が発出された。この新宮沢構想は、東アジア通貨金融協力の具体的なメカニズムとして二〇〇〇年に発足が合意されたチェンマイ・イニシアティブ（CMI）の下敷きとなった。

また、一九九七年一二月にはASEANと日本、中国、韓国でASEAN＋3の初の首脳会議が開催された。このASEAN＋3という枠組みは、東アジア諸国が危機を乗り越え再び繁栄を目指すという意思を確認し合うとともに、二度と危機を引き起こさないための地域メカニズムをどのように構築していくか、ということについて意見交換を行う場として機能した。翌年には首脳会議の定例化が決定されるとともに、一九九九年の第三回ASEAN＋3首脳会議においては「東アジアの協力に関する共同声明」が採択され、金融・通貨、その他経済、政治・安全保障など幅広い分野で東アジア協力を行っていく姿勢が明確に示された。日本は、アジア支援の施策を打ち出す場としてASEAN＋3の場を活用するとともに、前述のCMIの設立過程では主導的な役割を果たすなど、東アジア地域協力に積極的な姿勢を示した。

このASEAN＋3の発足は、「東アジア」における共同体を形成するという構想をこの地域における政策目標として浮上させる契機となった。一九九八年の第二回ASEAN+3首脳会議において、韓国の金大中大統領の提唱により、東アジア協力のための将来像を検討するための民間の有識者による東アジアヴィジョングループ（EAVG）の設置が決定された。ASEAN+3加盟各国から二名ずつ参加した有識者らによって構成されたEAVGは、(4)二〇〇一年に最終報告書を提出した。(5)この報告書は、東アジアは「諸国家から構成される地域」から「平和、繁栄、進歩に向けた努力」をともに行う「真の地域共同体」となることを目指すべきであることを謳っていた。そして重要なのは、この報告書では、経済的繁栄の回復やその持続のための協力のみならず、本来共同体にとって不可欠なち政治・安全保障環境の安定、東アジアのアイデンティティ醸成とその強化が明確に盛り込まれていたことである。そして、それらも含む幅広い分野の協力を進め、各国間の対話をより促進するための方策として盛り込まれたのが「東アジアサミット」構想であった。

一九九〇年代末から二〇〇〇年代初期にかけての日本が東アジア協力の進展において主導的役割を果たす一方、東アジアに何らかの共同体を作るという構想は徐々に日本の政府内の政策エリートや彼らと関係の深い民間の有識者の間での関心を呼ぶようになっていた。これは当時の日本がおかれた時代背景が大きく関与している。バブル経済崩壊後、日本経済の長期低迷の中で、日本の主要な外交資源である経済力が低下していった。他方中国は九〇年代にほぼ毎年二桁成長を遂げ、韓国は一九九六年にOECDへの加盟を果たした。アジアNIEsや一部のASEAN諸国の経済も大きな成長を見せていた。すなわち、日本経済自身の問題に加え、日本以外のアジア諸国が大きな発展を遂げ、相対的にも日本経済の優位性は揺らいでいた。他方、日本経済はますますこうしたアジアとの相互依存を深めていくという現実もあった。さらに、日本を含む北東アジアにおけるナショナリズムの高揚により、歴史認識問題も深刻化していた。この新たな状況のもとで、日本はアジアとの関係の再構築をはかる必要に迫られていた。

アジア通貨危機後、小渕政権の要請により民間の有識者からなる「アジア経済再生ミッション」がその最終報告書の中で、日本が運命を共有しつつあるアジアに深く組み込まれていること、二一世紀に求められている日本のアジアとの関わり方は、一方的な支援や投資ではなく、アジア各国が相互にパートナーとして共存する関係の一翼を担わねばならないこと、そのため様々なレベルで日本は「第三の開国」をせねばならないことを謳っていた。[6]また時を同じくしてやはり小渕首相の要請による「二一世紀日本の構想」研究会ではアジア諸国との「隣交」の重要性を強調していた。[7]このように一九九〇年代末から、アジアとの連帯を強調する外交構想がいくつか浮上していたことも忘れてはいけない。

さらに実利的な観点からの共同体構築への関心を促した要因として、一九九〇年代末あたりから日本の通商政策がそれまでのWTOによるグローバルな自由化のみを支持する立場から、二国間FTAなどを結ぶことも模索する方向へと転換し、その際に近隣のアジア諸国との経済連携が課題として浮上したことも挙げられよう。

ただ、中でもその後日本から共同体構想を積極的に提示する決定的な要因になったのは、中国の台頭がより可視的なものとなってきているなかでそれにどう対処するべきか、という危機感であった。さらに、アジアとの連携強化がより本格的に日本にとって重要となる中で、アメリカとの同盟関係の堅持といかに矛盾させずにそれを実現しえる方向性を模索するかが、日本外交にとっての以前にも増していっそう大きな課題となっていったのである。

5　二つの「東アジア」と日本

二〇〇二年一月、東南アジア諸国を歴訪した小泉首相は、最後の訪問地シンガポールの政策演説の中で、日ASEAN包括的経済連携構想に加え、地域諸国が「ともに歩みともに進む」ことを可能とする拡大東アジアコミュニティ構想を提唱した。(8) この場合の「拡大」とは、ASEAN＋3のメンバーに加え、オーストラリアとニュージーランドを加えることを示していた。この構想は、前年の二〇〇一年一一月、中国とASEANが、一〇年以内のFTA締結に向けての交渉開始に合意したことに強く刺激を受けていた。中国は経済的プレゼンスの拡大に加え、一九九〇年代末より、ASEANとの関係強化などにみられるように積極的な近隣外交（中国の用語でいえば周辺外交）を推進するようにもなっていた。中国ASEAN間のFTA交渉開始合意はその現れの一つでもあった。日ASEAN包括的経済連携構想や拡大東アジアコミュニティ構想は中国の台頭に対する対抗という側面を強く持っていたのである。

オーストラリアとニュージーランドを加えたことは、中国の東アジアにおける影響力を相対化するという意味があった。さらに、東アジアに共同体を構築するとしても、それはアジアという人種や文化的要素ではなく、民主主義や人権、市場経済など、冷戦終結後の「普遍的価値」と強く見なされるようになった諸要素を紐帯とするべきであるということを明示するという日本の姿勢を示すものであった。またそれは、民主主義や人権、市場経済といった価値を体現する存在でもあるアメリカとの同盟関係の堅持とは矛盾しない東アジア共同体構築の提示でもあった。しかしながら、市場経済はともかく、民主主義や人権は、中国のみならず、ASEAN諸国間においても直接的に取り扱われなかった微妙な問題であったことにも配慮し、直接的にそれらの文言をその後の様々な演説や政策文書の中でも提示はしばらくなされなかったこともに留意すべきであろう。

さらに、二〇〇三年一二月、日ASEAN三〇周年を記念する特別首脳会議において採択された「東京宣言」において、「普遍的なルールと原則を尊重しつつ、外向的で、豊富な創造性と活力に満ち、相互理解並びにアジアの伝統と価値を理解する共通の精神を有する東アジア共同体の構築を求める」として、東アジア共同体構築についての日ASEAN合意が明確に示された。[9] ここではむしろ「アジアの伝統と価値」に触れるなど、当時のASEANが民主主義や人権という問題を直接的に扱うことにはまだかなりの躊躇があった事情を反映した内容となっていた。またこれは、中国との東アジアにおける主導権を巡る競争を念頭に置き、よりASEANとの関係を強化しようという意図の現れでもあった。

この『東京宣言』は、東アジア共同体構築や、その手段として位置づけられていた東アジアサミットの実現に向けた動きを活発化する触媒の役割を果たした。二〇〇四年に入り、どのような東アジア共同体を目指すべきか、またそのためにどのような形で東アジアサミットを実現させるべきかについての議論が加速した。[10] 日本も二〇〇四年六月に「論点ペーパー」を関係各国に提示し、議論の整理を行ったが、東アジア共同体のビジョンは一つに統一されることはなかったといえる。また東アジアサミットを二〇〇五年一二月に開催することは、なんとか二〇〇四年一一月のASEAN首脳会議で決定されたが、具体的なメンバーやモダリティの最終決定は二〇〇五年夏までずれ込んだ。結局、第九回ＡＳＥＡＮ＋３首脳会議と平行して、ＡＳＥＡＮ＋３メンバーに加えてオーストラリア、ニュージーランド、インドの一六ヵ国によって第１回東アジアサミット（ＥＡＳ）が開催された。またこれは、ＡＳＥＡＮを制度的中心とするＡＳＥＡＮレジームの一つとして設立されることになった。そしてこれら二つは、ともに東アジア共同体構築のための枠組みであるとされた。

ＥＡＳの設立過程において、日本は終始一貫してメンバーはＡＳＥＡＮ＋３より拡大すべきであると主張していた。それにシンガポールが当初から積極的な賛意を示していた。インドの加盟はシンガポールの提案であるといわれる。また、東アジアサミット設立が二〇〇四年一一月に合意されてからは、インドネシアもこの拡大路線に同調した。インドネシアも日本と同様、中国の影響力があまりに強くなりすぎることに危惧を抱いていたのである。それに対し、中国やマレーシアはＡＳＥＡＮ＋３メンバーでの開催を強く支持していた。東アジアサミットは結局、メンバーシップに関して日本側の意図を通す形で実現したが、ＡＳＥＡＮ＋３も存続することになった。

東アジアサミットの加盟国問題が将来あるべき東アジア共同体のあり方についての議論と大きく結びついていたのは事実である。また、日本が二〇〇五年あたりからは、民主主義や人権、法の支配といった「普遍的価値」に立脚した共同体構築を明示するようになった。当時ミャンマーの人権問題への対応を深めつつあったＡＳＥＡＮ諸国もそれに拒否反応を起こさなかった。第一回ＥＡＳで採択されたクアラルンプル宣言が「グローバルな規範と普遍的に認識された価値の強化に努める」と明示していたことは、ＥＡＳの目指す東アジア共同体のあり方を暗示していた。ただ、ＥＡＳとＡＳＥＡＮ＋３の併存は、結局のところ、東アジア共同体のあり方について、それがどのようなメンバーによって構成され、どのような共同体を目指すのか、については容易に方向性を定められないこの地域の複雑な状況を物語っていた。

6　日本にとっての地域共同体の意義

二〇〇〇年代初頭から、日本においても盛んに東アジア共同体が論じられた。[11] これらの議論にまず共通するのは、東アジアにおけるモノ、カネ、ヒト、情報の移動が活発化し、国境を越えた経済的社会的相互依存関係が高まっていく、すなわち地域化が進んでいることを前提としていることである。よって多くの議論は、自由貿易圏の形成など、地域化の動きを踏まえたさらなる発展と繁栄を実現し得る地域経済統合を目指す協力を、最も実現可能性の高いものとして位置づけていた。

他方、これらの東アジア共同体論は単に地域経済統合やそのための経済協力のみで終わるものではなく、日本外交が目指すべき新たなビジョンの提示でもあった。そしてこれらの議論は、二つの、矛盾をはらみ得る志向性が内包されていた。一つは、アメリカとの同盟関係を基軸とした日本の外交政策の代替案として東アジア共同体構築を位置づけようとする志向性である。この志向性は必ずしも反米的とまではいかなくとも、アメリカとの同盟関係の再検討を含むという意味でかなり挑戦的な議論であった。そしてもう一つは、アメリカとの同盟関係とも両立し得るような、開放的な共同体構築を目指すという志向性である。これは、従来の日本外交の蓄積を維持しつつ、アジアとの関係をより深め、東アジアにおける安定と繁栄を目指そうとする。論者によって、これらの志向性のどちらかを強調するかには大きな違いがあった。ただ、いかに東アジア共同体が「開かれた」ものであるべきことが強調されても、「東アジア」にアメリカが含まれ得るというのはかなり突飛なことである。また、アメリカをメンバーに加えずとも排他性を帯びない共同体構築は、実現不可能ではないが、そこにはかなり慎重かつ注意深い政治的さじ加減が必要となるだろう。よって、どちらの志向性が強調されたとしても、東アジア共同体の議論には、従来の日本外交の立ち位置からすればある種の危うさを孕んでいたことは否めない。

そのことが最悪の形で露呈したのが、二〇〇九年八月の衆議院総選挙で大勝し、政権交代を果たした鳩山民主党政権の東アジア共同体構想とその帰結であった。(12) 鳩山政権の東アジア共同体構想は、少なくとも政権初期においては、前述の二つの志向性のうち、明らかに前者を強く反映していた。すなわち鳩山構想は、世界経済危機によってアメリカ流の市場原理主義がその限界を露呈し、アメリカの一極体制が終焉しつつあるという現状認識を前提としていた。その上で、いかに日本が新たな活路を見出していくかという問いの答えとして東アジア共同体構築が語られていた。すなわちこの構想は反米とはいわないまでも、従来の日本の日米同盟を基軸とした外交に対するアンチテーゼとしての側面を持っていた。

鳩山構想は、東アジア諸国においてみられる過剰なナショナリズムの表出を抑制し、日中、日韓の領土問題や歴史認識問題を巡る対立を緩和し、安定的な地域秩序の創出を念頭に置いていたという意味では、議論として間違っていた訳ではない。ただ、前述したアメリカに関する現状認識が少なくとも当初強調されたことに加え、鳩山政権がこの構想を日中韓サミットの共同記者会見の席で国際的に発表したことは、日米同盟基軸を変更しようとしているのではないかという疑念を内外に生んだのである。鳩山は、二〇〇九年一一月のオバマ大統領との会談の際に、日米同盟が基軸にあるからこその東アジア共同体である、と明言し、その疑念を払拭しようと努力した。しかし、沖縄の普天間基地の移転を巡って日米関係が急速に悪化し、この外交的失敗が直接的に響く形で鳩山政権は結局二〇一〇年六月に幕を閉じた。そして「東アジア共同体」という文言自体が、鳩山政権下における日米関係のきしみの象徴的存在となったまま、尻切れとんぼに終わってしまったのである。

ただ、東アジア共同体構築という構想が語られなくなったのは、単に民主党政権の失敗のせいではない。もっと大きな理由は、その後日中関係および日韓関係がこれまでになく対立が激化し、これらの国々を含む「共同体」を構築するということ自体への期待値が著しく下がっていることがある。中国は、二〇〇九年頃から特に領土問題等に関して日本に対してのみならず南シナ海の領有権問題で争う東南アジアの一部の国に対する強硬姿勢をとるようになっており、その意味で鳩山の構想は時機を逸していたといえる。その後中国の近隣諸国への外交はより強硬なものとなる中で、東アジア領域全体で共同体構築の議論は下火となってしまった。

ただ、日本を取り巻く新たな状況に対応し、また中国や韓国と領土問題や歴史認識問題に関する長期的視野からの解決の必要性を考えると、東アジア共同体構築という議論自体に価値がないとはいえない。アメリカとの関係維持と強化は当面のところ日本にとって重要な外交的選択であり、これを損なわない形で、新たに東アジアで何らかの安定的な関係をもたらす仕組みを構築していくことは必要である。これはかなりの政治的知恵と工夫が必要ではある。しかしながら、中国からは「アジア人によるアジアの安全保障」といった「新アジア安全保障観」が提示され、アジアインフラ投資銀行（AIIB）を新たに設立しようとするなど、積極的な地域政策が打ち出されている。日本が自らにとっても、また東アジア全体にとっても長期的に望ましい地域環境を整備するために、東アジア共同体の再検討も含め、包括的かつ長期的な視野からの地域ビジョンを提示する必要があるのではないだろうか。

注

（1）これらの国が現加盟国となったＡＳＥＡＮは西側に近いスタンスをとっていた国で構成されていたが、同時に非同盟主義の色彩を帯びていた点について、大庭三枝「アジアにおける地域共同体構想の変遷：「東アジア共同体」の背景」和田春樹他編『東アジア近現代史一〇巻：和解を協力の未来へ』岩波書店、三二〇頁、および、大庭三枝『重層的地域としてのアジア』有斐閣、二〇一四年、七〇頁。

（2）APEC Leaders' Economic Vision Statement, Blake Island, Seattle, November 20, 1993.

（3）この説で扱っている、アジア通貨危機後の東アジア地域主義の展開と東アジア共同体構想の浮上については、大庭三枝、前掲書、一一六―一三〇頁を参照。

（4）日本からの参加メンバーは、経済企画庁出身で当時アジア開発銀行研究所（ＡＤＢＩ）所長であった吉富勝と東京大学教授であった田中明彦であった。

（5）East Asian Vision Group, Towards an East Asian Community: Region of Peace, Prosperity and Progress, 2001.

（6）アジア経済再生ミッション『「アジア経済再生ミッション」報告書：21世紀のアジアと共生する日本を目指して』一九九九年一一月。

（7）「21世紀日本の構想」懇談会『最終報告書：日本のフロンティアは日本の中にある：自立と境地で築く新世紀』二〇〇〇年一月。

(8) 小泉純一郎「東アジアの中の日本とASEAN：率直なパートナーシップを求めて」シンガポール、二〇〇二年一月一四日。
(9)「新千年紀における躍動的で永続的な日本とASEANのパートナーシップのための東京宣言」東京、二〇〇三年一二月一二日。
(10) EAS設立過程についての詳細は、大庭三枝、前掲書、一三〇―一七二頁。
(11) 代表的なものとして以下を挙げておく。森嶋通夫『日本にできることは何か：東アジア共同体を提案する』岩波書店、二〇〇一年、谷口誠『東アジア共同体：経済統合のゆくえと日本』岩波書店、二〇〇四年、小原雅博『東アジア共同体：強大化する中国と日本の選択』日本経済新聞社、二〇〇五年、伊藤憲一、田中明彦監修『東アジア共同体と日本の進路』二〇〇五年、進藤栄一『東アジア共同体をどうつくるか』筑摩書房、二〇〇七年。
(12) 鳩山の東アジア共同体構想の内容とその帰結についての詳細は大庭三枝、前掲書、二四八―二五〇頁。

（大庭三枝）

第2章　中国とアジア共同体
――中国メディア日本語版にみる中国の論理

二〇一四年一一月一〇日、ＡＰＥＣ首脳会議で北京を訪問中の安倍晋三首相が中国の習近平国家主席と会談を行い、約三年半ぶりに日中首脳会談が実現した。二〇〇四年一一月から二〇〇六年一一月まで、二〇〇五年の大規模な反日デモをはさんで、約二年間日中首脳会談が途絶えたことがあったが、今回はそれよりも長期間、日中首脳の直接対話が行われなかったことになる。(1)

こうした政治関係の冷え込みは、日本国内の対中世論とも呼応している。内閣府による「外交に関する世論調査」によれば、中国に対する親近感は、二〇〇三年一〇月の調査以降、「親しみを感じない」という回答が「親しみを感じる」という回答を常に上回ってきただけでなく、二〇〇三年から二〇一三年の一〇年間で三〇％を超える（四八・〇％→八〇・七％）伸びを示した。二〇一一年一〇月の調査では、「親しみを感じない」の回答が前年比六・四％減（七七・八％→七一・四％）となったが、二〇一二年の調査では初めて八割に達した（八〇・六％）。(2) 同様に、中国と日本の関係も、「良好だと思わない」の回答の比率が高く、二〇〇九年（前年比一六・七％減の五五・二％）と二〇一一年（前年比一二・三％減の七六・三％）に持ち直しが見られたものの、二〇一二年、二〇一三年の調査では、否定的な認識が実に九割を超えた。[3] 即ち、二〇〇三年以降、日本の対中世論は、一時的な改善がありながらも、全体的には不信と警戒を基調としてきたといえるが、この趨勢《すうせい》は決して不可逆のものではない。それ以前の一五年間が半信半疑を基調としてきたこと、一九八八年までは、親近感と二国間関係の認識の両面で肯定的回答が否定的回答を大きく上回っていたことを鑑みれば、今後、現実の変化が感情の反転をもたらすことも十分に考えられる。

いずれにせよ、ここで強調すべきは、対中世論の生々しい起伏が日中関係の現実を映す鏡となっているということである。日中関係にせよ、日韓関係にせよ、政治状況に応じて世論が動くのは、国民がそれらの二国間関係に鋭い関心を寄せていることの表れであり、中国・韓国が常に真剣に向き合うべき相手であるからにほかならない。[4] 引っ越すことのできない隣国同士である日本と中国の間には、濃密な相互関係が存在し、日々新たな事態が出来《しゅったい》するが、一時の感情に流されず、日中関係を点ではなく線でとらえる確固たる視座を獲得するためには、中国の言動に一貫して内在する論理を理解する必要がある。ここで、本章は表裏をなす二つの目的を持つ。一つは、中国メディア日本語版の報道からアジア共同体に対する中国の基本姿勢を認識することであり、もう一つは、その作業を実例として中国認識の構築における中国メディア日本語版の有用性を示すことである。

1　中国メディアを日本語で読む

中国における政治とメディアの関係は、日本を含む西側諸国のそれとは大きく異なる。「党（中国共産党）の喉と舌」という表現は、中国におけるメディアの役割を端的に表すものであり、所謂「党国体制」の中国では、党は即ち政府を意味する。中国共産党の機関紙である『人民日報』を含む中国の官製メディアの特徴として、電子化、多言語化への積極的な対応が挙げられる。例えば、『人民日報』のインターネット版である『人民網』には、英語・日本語・フランス語・スペイン語・ロシア語・アラビア語・韓国語・ドイツ語版があり、国営通信社である新華社が展開する『新華網』も、英語・アラビア語・フランス語・日本語・ロシア語・スペイン語・韓国語のサイトを設けている。活字メディアだけでなく映像メディアも同様であり、国営テレビ局である中央電視台も、英語・スペイン語・フランス語・アラビア語・ロシア語・韓国語でニュースのネット配信を行っている。

中国政府の公式見解を代弁する中国メディアの日本語版は、上述の論理を捉える有効な手段となりうるものだが、一般の認知度はそれほど高くないようだ。事実、筆者が本章のもととなる講義を神戸大学国際文化学部で行った際にも、四〇名程度の受講者のうち、中国メディアの日本語版を実際に見たことがある学生は皆無に近かった。これらの受講者はかならずしも中国ないしアジアを専門とする学生ではなかったが、国際的な出来事に関心が高い学生の間でさえ、中国メディア日本語版の存在は十分に認知されてはいなかった。

中国共産党の機関紙『人民日報』の電子版と聞くと、堅苦しい印象を抱くかもしれないが、政治・経済の記事ばかりでなく、文化・芸能に至るまで、その射程は幅広い。官製メディアということで読み手はリテラシーを求められるが、中国の公式見解そのものに日本語で触れうる媒体として独自の価値を持っている。

2　中国要人の発言にみるアジア共同体

それでは、まず中国メディア日本語版の報道から近年のアジア共同体に関する中国要人の発言を取り上げてみたい。

(1) ボアオ・アジア・フォーラム
――二〇一四年度年次総会における李克強首相の基調講演

ボアオ・アジア・フォーラムは、ダボス会議を主催する世界経済フォーラムにならって二〇〇一年に成立した非政府・非営利の国際組織である。毎年海南省博鰲（ボアオ）で総会を開催する同フォーラムに中国は力をいれており、『人民網』は毎年、年次総会の様子を特集で伝えている。二〇一四年四月一一日付で『人民網』に掲載された「李克強総理がボアオ・アジアフォーラム開幕式で基調講演」と題する記事[5]は、日本メディアでは後半の中国経済の現況と展望ばかりが報じられた李首相の基調講演の全体像を伝えるものである。同記事によれば、李首相は「アジア発展の新たな未来を共に切り拓く」と題する講演の中で、利益共同体、運命共同体、責任共同体をキーワードに掲げ、経済および安全保障における相互協力の必要性を唱えている。しかし、他方で、「南中国海の平和・安定を破壊する、もめ事を引き起こす行為に対しては、われわれは果断な対応を取る」とし、東南アジア諸国との間で領有権をめぐる争いとなっている南シナ海の問題について自らの正当性を主張し、またアジアにおいては今日もなお、「発展」が主要な任務であることを強調することも忘れない。この『人民網』に掲載された短い記事を導きの糸として、中華人民共和国駐日本国大使館のホームページに掲載された同講演の全文の日本語訳にまで視野を広げれば、共同体の形成に繋がる域内協力の重要性を強調する一方で、国家主権については自らの立場を明確に示し、協力は発展のための手段と位置づける中国の基本的立場がより鮮明になる。(6)

同講演から見て取れるもう一つの重要な示唆は、中国がアメリカの影響の強いTPP（環太平洋戦略的経済連携協定）よりもASEAN主導のRCEP（東アジア地域包括的経済連携）を推しているということである。(7)

（2）程永華駐日大使講演（二〇一二年三月三〇日）

上述の李克強首相の講演の事例が示すように、中国の駐日本国大使館のホームページは、中国メディア日本語版と並んで、中国政府が発信する一次情報に日本語でアクセスできる重要な情報源である。同ホームページは、二〇一二年四月五日付で程永華駐日大使の講演を重要スピーチの扱いで掲載している。記事中では、「仙台のアジア共同体会議」として言及されているが、二〇一二年三月三〇日に東北大学で開催された当該フォーラムの正式な名称は、「東日本大震災一周年日本再興東北フォーラム：第一回国際アジア共同体会議――3・11後の東アジア人間安全保障共同体への道」というものであった。(8)

同講演は、日本の鳩山由紀夫元首相の講演を受けて行われたものだが、アジア共同体が主題のフォーラムであるだけに、程永華大使は中国とアジア諸国の協力と中国の東アジア協力政策について多くを語っている。二〇一一年における中国とアジア諸国の関係を「二〇一一年に中国とアジアの隣国の関係は全体的に安定した発展の好調ぶりをみせ、善隣友好、政治的相互信頼と互恵協力が一段と深まった」と総括し、政治（モンゴル、ASEAN諸国、インドとの二国間関係の深まり）、経済（中国―ASEAN自由貿易圏の発展、域内の財政・金融協力の深化）、災害援助（タイ、カンボジア）、低開発国への援助（ネパール、スリランカ、モルディブ、ラオス、バングラデシュ、アフガニスタン）、人的交流（文化協定、孔子学院を通じた教育交流）、安全保障（上海協力機構の提唱）の各分野で、中国が地域協力の発展に貢献していることを強調している。「東アジア協力では開放性と包含性〈Inclusiveness〉を保つと同時に、それぞれのメカニズムの既定の方向を堅持し、これまで効果的だった原則とモデルを堅持し、ASEANが主導的役割を果たすこと堅持すべきだ。東アジア諸国の主動性と積極性を十分に発揮させ、10＋1を基礎、10＋3を主体、東アジアサミットを重要な補完物とする東アジア協力の枠組みを堅持し、発展、協力、互恵、ウィンウィンという主題を堅持し、漸進的に協力を推進して、地域の平和、安定と繁栄を共同で実現すべきだ」として、域内協力におけるASEANの主導的役割に期待（翻って日米主導をけん制）しつつも、注目すべき二つの問題として南シナ海の問題に言及し、「中国は一貫して直接当事者が交渉を通じて平和的に解決することを主張しており、これは関係当事国の共通認識〈コンセンサス〉でもある。域外の勢力はいかなる理由であれ南海の係争に介入すべきでない」と述べて、ＡＳＥＡＮ諸国とアメリカに対して自らの正当性を主張するのは、先の李克強首相の講演と一貫している。

3 『人民網』の記事にみるアジア共同体

前節により、域内協力の重要性を認め、時にその延長線上にあるアジア共同体の建設を語りながらも、領土・主権の堅持と発展の追求を国家の第一義的な目的とし、日米主導を警戒するという中国の基本姿勢が見て取れたが、自民党から民主党への政権交代を経て、再び自民党に政権が戻った二〇〇九年から二〇一二年の『人民網』の掲載記事から、中国とアジア共同体の問題にさらなる考察を加えたい。(9)

二〇〇九年四月二〇日付の「温総理、福田前首相と面会」(10)と題する記事は、中国の温家宝首相（当時）と日本の福田康夫前首相がボアオ・フォーラムの二〇〇九年度年次大会で会見、温首相が「中日双方は両国の長期発展とアジア全体の利益という視点から出発し、協調強化と多角的な協力を通じて、地域的経済・金融協力を共に推進し、東アジア共同体の建設とアジア新興のためにより貢献していかなければならない」（傍線部は筆者による。以下も同様）と述べたことを指摘するものだが、東アジア共同体の建設にまで言及しながら日中協力の重要性を説く温家宝発言は、「自由と繁栄の弧」をキーワードとする当時の麻生太郎首相の「価値の外交」（自由、民主主義、基本的人権、法の支配、市場経済といった価値の普遍化を志向する外交）に対するけん制ともみられる。

二〇〇九年八月三〇日の衆院総選挙における民主党の大勝を受け、政権交代が目前に迫った同年九月二日付の記事「政権交代は中日関係にどんな変化をもたらすか」[11]は、前日付で『中国網（チャイナネット）』に掲載された劉永江教授（清華大学国際問題研究所）の評論の転載だが（メディア間における記事の相互転載が多いのは中国メディアの特徴である）、政権交代後の日本外交の基軸の変化、日中関係の強化に期待を寄せ、「鳩山氏が打ち出した『東アジア共同体』の建設も、健全で安定した中日関係からかけ離れることはできない」と述べている。

東アジア共同体を主唱する鳩山由紀夫首相の執政期間の記事は、アジア共同体に対する中国の期待と不安を浮き彫りにする。

二〇〇九年九月一八日付の「中国は東アジア共同体に向け各国と共に邁進」[12]という記事は、外交部・姜瑜報道官の記者会見における「東アジア共同体を構築し、東アジアの経済・社会の全面的で協調のとれた持続可能な発展と恒久平和を促進することは、東アジア協力の長期目標であり、東南アジア諸国連合（ASEAN）と中日韓の共通認識でもある。中国は日本を含む東アジア各国と東アジア協力の一層の強化に尽力し、東アジア共同体という目標に向けて不断に邁進する」という発言を取り上げたものだが、ここからは、東アジア共同体を終極の目的とする域内協力がASEAN+3の主導でなされるべきこと、即ち、西側諸国（特にアメリカ）の介入に対する警戒がうかがえる。

東アジア共同体の構築に触れた二〇〇九年九月二四日の鳩山首相の国連演説および同月二八日の日中韓外相会談をめぐっては、「東アジア共同体の実現には長い時間が必要」「日本は積極的だが、具体的プランに欠ける」という専門家の分析を含むいくつかの記事が現れたが、同年一〇月九日付の「中日関係に『友愛』は可能か?」[13]では、鳩山外交の基本理念を論じ、「鳩山氏の『友愛外交』が、もし上述の通り、安倍元首相以来、自民党政権が推し進めてきた価値観外交の悪循環から脱することができたなら、とりわけ、自民党が冷戦思考を背景に形成してきた対中外交の制限を克服することができたなら、この民主党のリーダーは、必ずや『友愛』を基礎に、中国の主権を尊重して中国の内政に干渉しないことを前提に、中国と真の相互信頼を築き、中日の戦略的互恵関係を一層充実した、堅固で、揺るぎないものにすることができるだろう」として、自民党政権の価値の外交との対比において鳩山政権の東アジア共同体志向を肯定的に評価している（一方で、主権の尊重と内政不干渉を強調している点も見逃せない）。

この記事の翌日（一〇月一〇日）には、鳩山首相の単独インタビューが掲載されているが、これをもって東アジア共同体志向の鳩山外交に対する警戒心が完全に解けたわけではなく、その後もアジア共同体に西側諸国が関与することには、明らかな拒否反応を示している。二〇〇九年一〇月二〇日付の「限界のある鳩山版『東アジア共同体』構想」[14]では、マレーシアのマハティール元首相の「オーストラリア、ニュージーランドを排除すべきである。この二カ国は欧州人の国で、その政策は欧州諸国の政策と同じであり、心はアジアにないからである」という発言を引いて、鳩山政権のASEAN＋6モデルをけん制している。同様に、二〇一〇年四月六日付の「日米同盟は『日本外交の基軸』：外交青書、米に配慮?」[15]は、日本の『朝日新聞』のウェブ版Asahi.comに掲載された同日付の記事の転載だが、同年版の『外交青書』における東アジア共同体構想への言及が「まさに日米同盟がその基軸にあるからこそ」という前置きをおいてなされていることに着目するものである。

東アジア共同体の構築を掲げていた鳩山政権期の報道とその後の報道との対比によって、アジア共同体は、国家主権と国家発展に優先するものではないが、価値の外交と日米関係の緊密化よりは望ましいものであるという中国の本音がみえてくる。

菅直人政権下の二〇一〇年一一月四日付の「日本外交はなぜ四面楚歌に陥ったのか」[16]は、『新華網』所載の記事を紹介するものだが、菅政権の日米同盟回帰志向、前原外相の親米的態度に対する警戒心が見て取れる。二〇一一年一月二四日付の「日本の政治、再び『自由と繁栄の弧』に?」[17]は、同日付の『中国網』の記事の転載で、元は前原外相の訪米を受けて『瞭望東方週刊』に掲載された評論記事だが、日本外交が価値の外交に回帰しつつあるとの指摘であり、同年四月四日付の「日本外交青書島嶼問題で隣国をまたも挑発」[18]は、同月二日付の『中国網』の記事の転載で、『外交青書』における東アジア共同体構想の記述の減少に言及している。その後も、『環球時報』掲載の韓佐民中日関係史学会理事、元駐大阪副総領事の評論記事の紹介する二〇一一年一一月一八日付の「日本の『価値観外交』は必ず失敗する」[19]、前日付の『中国網』記事の転載で、民主党内の外交路線対立を論じた二〇一二年二月七日付の「野田氏VS鳩山氏、対中外交構想で対立」[20]など、ポスト鳩山政権期のアジア共同体に関する記事には、上述した中国の本音が表出されており、二〇一二年一二月に再度の政権交代で自民党の第二次安倍政権が成立してからは、例えば、二〇一四年八月二九日付の「東アジア共同体からTPPへ:ますます中国と疎遠になる日本」[21]のように、その傾向がより顕著になっている。

以上の中国メディア日本語版の記事の考察からアジア共同体をめぐる中国の基本姿勢とともに、中国認識の構築における中国メディア日本語版の有用性が示されたものと考える。中国メディア日本語版の記事の読み込みという方法は、アジア共同体の問題ばかりでなく、歴史認識問題や領土問題など、日中間の諸問題を考察する上で普遍的な有効性を持っている。中国メディア日本語版によって中国の論理を理解し、それを日本や諸外国のメディアの中国報道によって相対化することによって、我々はより高い強度を備えた中国認識に行き着くことができるだろう。

注

（1）外務省ホームページの「中華人民共和国：過去の要人往来・会談」、http://www.mofa.go.jp/mofaj/area/china/visit/index.htmlによる。二〇〇四年一一月三〇日の小泉首相と温家宝首相の会談から二〇〇六年一一月一八日の安倍首相と胡錦濤国家主席の会談まで日本の首相と中国の国家主席・首相との首脳会談が行われなかった（肩書きはいずれも当時のもの）。二〇〇六年一一月の安倍・胡錦濤会談以降、自民党の安倍、福田、麻生政権期、民主党の鳩山、菅、野田政権期を通じて年数回の首脳会談が行われていたが、二〇一二年五月一三日の野田・温家宝会談以降、同年一二月成立の第二次安倍政権下では、首脳間の直接対話が途絶えていた。

（2）内閣府「外交に関する世論調査」（二〇一三年一〇月調査）、http://survey.gov-online.go.jp/h25/h25-gaiko/index.html」、図10を参照。

（3）同前、図12を参照。

（4）同前、当時大統領であった李明博による竹島（韓国名・独島）上陸の余韻が冷めぬ中で行われた二〇一二年一〇月調査では、前年に六二・二％であった「親しみを感じる」の回答が三九・二％に急落（「親しみを感じない」は、三五・三％から五九・〇％に上昇）、日韓関係の状態についても、「良好だと思わない」

との認識が前年の三六・〇%から七八・八%まで跳ね上がった（「良好だと思う」の認識は、五八・五%から一八・四%に下落）。

（5）http://j.people.com.cn/94474/8595436.html

（6）二〇一五年のボアオ・アジア・フォーラム開催にともなって記事の入れ替えが行われたため現在は閲覧できない。

（7）TPPとRCEPの対比については、金堅敏「RCEP VS TPP」、富士通総研ホームページ、http://www.fujitsu.com/jp/group/fri/column/opinion/201211/2012-11-5.html、二〇一二年一一月二八日掲載を参照。

（8）フォーラムの報告書は、以下より入手が可能である。http://www.econ.tohoku.ac.jp/econ/strategy/RS/sub6/files/houkoku120413.pdf

（9）自民・麻生太郎政権（二〇〇八年九月二四日～二〇〇九年九月一六日）、民主・鳩山由紀夫政権（二〇〇九年九月一六日～二〇一〇年六月八日）、民主・菅直人政権（二〇一〇年六月八日～二〇一一年九月二日：二度の改造内閣を含む）、民主・野田佳彦政権（二〇一一年九月二日～二〇一二年一二月二六日：三度の改造内閣を含む）の間の記事を対象とする。

（10）http://j.people.com.cn/94474/6640769.html

（11）http://j.people.com.cn/94474/6745983.html

（12）http://j.people.com.cn/94474/6761681.html

（13）http://j.people.com.cn/94474/6778337.html

（14）http://j.people.com.cn/94474/6788165.html

（15）http://j.people.com.cn/94640/6941927.html

（16）http://j.people.com.cn/94474/7188291.html
（17）http://j.people.com.cn/94474/7270323.html
（18）http://j.people.com.cn/94474/7339451.html
（19）http://j.people.com.cn/94474/7649350.html
（20）http://j.people.com.cn/94474/6745983.html
（21）http://j.people.com.cn/n/2014/0829/c204149-8776411.html

（山崎直也）

第3章　朝鮮半島からみるアジア共同体

本章では、「東アジアの地域協力」における文化のポリティクスと「東アジア共同体」に関して、文化人類学の視点から検討してみたい。ところで、この章のタイトルは、「朝鮮半島からみるアジア共同体」となっているが、ここでは直接「朝鮮半島の具体的状況や事例を取り上げつつ議論を行っていないことをあらかじめ断っておきたい。筆者は長年韓国社会においてフィールドワークを行ってお り、これを踏まえて「アジア共同体」を検討することで「朝鮮半島からみる」という編者の要請に応えることにしたい。

その理由は二つある。第一に、朝鮮半島からみる「(東) アジア共同体」論は、それを議論することと自体がきわめて政治的なイシュー(論点)を含むためである。賛否いずれの立場をとろうとも、それは「(東) アジア共同体」をめぐる議論というより、現在の政治状況に対する一種の態度表明となり得てしまう。第二に、第一の理由と関わると同時に、以下の議論に関連することであるが、「朝鮮半島」は現在大韓民国と朝鮮民主主義人民共和国という二つの国民国家が併存する「分断国家」の状況にあり、同時に朝鮮半島という地理的空間は「韓（朝鮮）民族」の固有の領域と同一視される傾向が強いためである。したがって、文化的領域に注目して「朝鮮半島からみる」という視点は、そのまま文化的「ナショナリズム」の視点から「アジア共同体」を議論する方向に進む可能性がある。以下の論考で筆者はこれと異なるスタンスをとりたい。つまり、筆者の基本的立場は、「東アジア共同体」の創成を議論するためには、近代国民国家および、「国民文化」＝「民族文化」という民族国家主義の再検討が必要であるという立場にある。

1 「アジア共同体」をみる視点

これまで「アジア共同体」「東アジア共同体」ついては政治学、政治思想、経済学、国際関係論などの学問領域を中心として領域で様々な議論が積み重ねられてきた。例えば、「アジア共同体」もしくは「東アジア共同体」のタイトルを含む最近の書籍についても、毛利和子を編集代表として東アジア共同体をめぐる多方面からの議論を収めた「東アジア共同体の構築」シリーズが二〇〇七年に出版されている（第一巻：山本武彦・天児慧編『新たな地域形成』、第二巻：浦田秀次郎・深川由紀子編『経済共同体への展望』、第三巻：西川潤・平野健一郎編『国際移動と社会変容』、第四巻：毛利和子・森川祐二編『図説ネットワーク解析』）。その後も目についたところを上げると、東アジア共同体評議会編『東アジア共同体白書　２０１０』（二〇一〇年）、佐藤洋治・鄭俊坤編『アジア共同体の創成に向かって』（二〇一一年）、金泰旭・金聖哲編『ひとつのアジア共同体』（二〇一二年）などがある。近年注目を集めている「公共知」という観点からも、佐々木毅・山脇直司・村田雄二郎編『東アジアにおける公共知の創出』（二〇〇三年）には東アジア共同体を議論した論考が収められている。文中にはあげていないが章末には、その他の東アジア共同体に関する議論を収めた書籍を上げておいたので、関心のある方は参照されたい。

正直にいえば、筆者は専門家が綿密に行った議論を整理し、発展させる能力はない。また、いたずらに「屋上に屋を重ねる」文章を書くこともためらわれる。そこで、東アジア共同体をめぐる議論の本筋とは別の角度からいささか外れることは承知の上で、文化人類学者らしく、少し斜めからの角度で「アジア共同体」「東アジア共同体」を検討してみたい。

筆者の所属する神戸大学国際文化学研究科は、その英語名はInter-Cultural Studiesとなっている。ここで、あらためて強調したいのは、「国際文化学」の英語訳が、「Inter-National Studies」ではないことである。この理由の一つには、グローバル化が進展する中で、様々な「越境」現象が起こり、異なる文化間の関係がもはや近代国家を唯一の単位としなくなってきた現代的状況がある。ただし、この「Inter-Cultural」Studiesという語を敢えて訳せば、「文化間」研究もしくは「文化相関」研究となるであろうが、いかにもこなれていない訳語といわざるを得ない。

日本社会は欧米からもたらされた、近代社会に関連する新たな概念に対しても、絶妙な「翻訳語」を作り出し、消化してきた。にもかかわらずInter-Culturalという言葉を示す適切な言葉がないのは、いささか不思議な印象を持ってしまう。このことは、東アジア地域協力を深め、東アジア型の「地域共同体」を検討する上でも、重要な問題を示唆しているように思われる。あえて踏み込んでいえば、東アジアを考える上で、私たちは近代国民国家と、これに呼応する形で対象化された「民族」を過度に内在化し、「東アジア地域」を見ているのではないか。

加えて筆者には、多くの「(東)アジア共同体」論の前提には、この地域の共同体の創成が望ましく、必然であるという「価値判断」があり、どうしたら「(東)アジア共同体」が創成されるのかという方向のみ議論しているように思われる。ここで、しばし立ち止まって「(東)アジア共同体」論には問題がないのかを検討することには、それなりの意味があるであろう。

ここでは、朝鮮半島の事例を取り扱いながら、「東アジアの地域協力」における文化のポリティクスと「東アジア共同体」に関して焦点を当てることにする。すなわち、東アジア共同体なる、政治的・経済的な一種の「フィクション」(虚構)が社会的・文化的リアリティを備えるためには、近代化の中で作り出された古い虚構である「近代国家」の認識枠組みを「止揚《しよう》」することが要請されているのではないであろうか。

「止揚《しよう》」という古めかしい語を用いるのは、現在のアジア共同体論(東アジア共同体論)の矛盾に注意を喚起するためである。そもそも近代国民国家(あるいは民族)の枠組みを揺るがしてきたグローバル化に対応するために、近代国民国家の枠を越えた地域共同体(アジア共同体、東アジア共同体)が構想された。にもかかわらず、この地域共同体を議論する場合に、「日中韓(朝)の東アジア共同体」など、近代国民国家(民族)を前提として議論するのは、一種の矛盾と筆者は考えている。

確かに二一世紀の現在、EU、そして東アジアのみならず、国家を越えた地域間協力、さらには「地域共同体」の必要性が主張されるようになった。国家を単位とした相互協力関係が進展したのではなく、皮肉なことにグローバル化の進展により、国家という単位が揺らぎ、グローバル化に対応し得なくなっている状況を示している。国家対国家、国家対民族という構図で有効であったナショナリズムが、グローバル化する世界の中ではもはやかつてのような有効性を失っているともいえよう。こうしたグローバル化の状況において、「地域共同体」は、表面的には地域主義の台頭のようにみえる。それはもはや国家の拡大版ではなく世界の中の東アジアといった、グローバルな性格を必然的にもたざるを得ないであろう。しかし、現実には「東アジア共同体」の議論においては、未だ日本、中国、韓国といった「国民国家」を前提とする傾向が強く見られる。これはなぜであろうか。

2　アジア共同体、東アジア共同体と文化の領域

まず「アジア共同体」という用語（概念）の問題に眼を向けてみよう。一般に膾炙《かいしゃ》している「アジア共同体」という用語は、実際のところ「東アジア共同体」あるいは東アジア地域主義と混同して用いられている場合が多い。例えば、『アジア共同体―その構想と課題』（林華生編、二〇一三年）に収録された論文は、その大半が「東アジア共同体」に関する論考が収められている。つまるところ、「東アジア共同体」はアジア共同体をめぐる議論の出発点であり、到達目標には「東アジア共同体」が成立するか否かという論点がある。特に日本においては、二〇〇二年の小泉首相の「東アジアコミュニティ構想」の後、第一次安倍内閣のいわゆる「価値観外交」によって一時的に停滞したものの、二〇〇九年九月、民主党鳩山内閣時に、当時の岡田克也外務大臣が「東アジア共同体」構想について言及し、東南アジア諸国連合に加え、インド、オーストラリア、ニュージーランドと加えた構想を示した

ことにより、一つの政治的イシューとなった。その後、鳩山首相自身が同年一〇月のＡＰＥＣ首脳会議において、「友愛外交」の一環として、「東アジア共同体」をアピールするにいたる。この背景には東アジアをめぐる状勢の変化がある。それまでアメリカを軸とした東アジアの地域外交が、グローバル化の進展、東アジアの経済発展、中国の台頭、さらには様々な問題を内包してきた日韓、日朝関係の問題、そして何よりも、この地域における日本の経済的、政治的地位の低下がその背景にある。

ところで「東アジア共同体」「アジア共同体」はともに、「東アジア」「アジア」という曖昧な「地域概念」を前提にしており、明確な範囲ではない。「アジア」とは、西アジア、南アジア、東南アジア、中央アジア、そして東アジア（東北アジア）は、ユーラシア大陸の大半およびインド亜大陸を含む広大なエリアである。これに太平洋地域を加えた場合、地球上の半分近い範囲となる。

このことは、「オキシデント」（Occident：西方世界）に対する「オリエント」（Orient：東方世界）に類似した、一種の世界観に基づく空間的イメージであるともいえよう。そもそも多様性をもつ「アジア」を、ある種の明示的な範囲であると見なされるのはなぜであろうか。これを考える上で、サイードのオリエンタリズム（Orientalism）の議論を念頭に置く必要がある。つまり、オリエントというは、あくまでも「オキシデントではない異質な世界」として、その内部の多様性や関係性を無視し、「他者」としてイメージされるものである。

これと同様に、「(東) アジア共同体」といった場合の「アジア」は、「欧米」ではない、独自の異質性をもった単位のイメージであり、本来、そこに共通性や明確な定義を見いだすことは困難である。むろん、現在の「アジア共同体」論は、むしろ押しつけられたイメージを流用し、実体化しようとする主体性の表れであるという肯定的な評価もできよう。つまり、アジアを自らが定義し、共通性を主体的に作り出し、近代以降常に欧米との対比によって語られてきたアジアが、自らを取り戻そうという能動的な「対抗」ともいえよう。

このような姿勢は、植民地支配に対抗するために、民族の統一性、民族的アイデンティティ、共通の民族文化を強調する姿勢と並行関係にある。今日、日中韓の中で、もっとも東アジア共同体を推進しようとする姿勢が強いのは、「反日」「克日」を国家の中心的な文化的アイデンティティの根幹に据えてきた韓国であるのは、決して偶然ではない。

「アジア共同体」というイメージ（フィクション）を実体化しようとする要請は、政治・経済といった社会・文化とは別の領域からなされている。にもかかわらず、政治や経済においては、「近代国民国家」が未だ重要な単位となっており、むしろグローバル化に対抗する単位としての国家がかえって強調される現象が起きている。いわゆるローカル化（localization）という現象である。

このローカル化現象に関して、東アジアでは経済・政治の領域で揺らぎつつある近代国民国家が単位になると同時に、「文化」が重要な単位となっている点は重要である。しかも、東アジアでは、長い歴史をもち、比較的均質な文化を共有する社会が近代近代国家の基盤となっており、「国民文化」がすなわち「民族文化」と同義に見なされる傾向が強く、他の地域には見られない「一民族一国民国家」が標榜されている。この国家間関係は、社会的・文化的領域と政治的領域、経済的領域が不可分に結びついた複雑で複合的な関係となりがちである。このため、「歴史問題」が常に東アジアの相互関係において中心的な論点であることに示されるように、他の「地域共同体」論よりも、「（東）アジア共同体」論には、常に「国民文化」、「民族文化」の影が常につきまとうことになる。

このように東アジアの協力関係、「東アジア共同体」が語られる一方で、国家（民族）を対立軸で捉える従来の認識はいまだ根強い。近年のグローバル化の中で指摘されているナショナリズムの多様化、分散、大衆化もこの認識に支えられているのであり、これは従来の「民族文化教育」(国民文化教育)によって強化された文化のポリティクスが働いている。そのような対立軸を前提とした場合、「東アジア共同体」形成は困難であろう。この隘路《あいろ》を抜け出るには、あらたな民族(国民)文化認識、それに基づく民族文化(国民文化)のあり方を検討することは決して無意味ではない。

3　文化的領域としての「東アジア共同体」

東アジアに目を転じた場合、事態は非常に錯綜している。「東アジア地域共同体」が語られる一方で、かつてのナショナリズムの大衆化、高揚という状況が見いだされる。この状況は、かつては「小さな」東アジアの国民が一九九〇年代から世界の中で「大きく」なったのであり、一方で依然として「小さな世界」に住みつづけ、グローバル化をめざすことの矛盾といえよう。この矛盾は「東アジア共同体」構築には「共通の価値観」が必要であるという主張にも影を落としている。

「共同体」(community)という概念は今や一種のcliché(クリシェ:広く使われるうちに、そのもともとの意味を失ってしまうこと)となっている観があるが、ある種のcorporate group的な特徴を付与されることが多い。それは明確なメンバーシップ、それに伴うメンバーの権利と義務(役割)である。しかも、共同体に該当する社会イメージはそれぞれの文化によって異なり、決して一様ではない。例えば、世界的な環境問題に対応するために人類が共同意識を持とうという意味のコピーは、日本では「宇宙船地球号」であったのに対し、韓国では「地球村」である。しかし、文化人類学者の眼から見ると、韓国のmaul「村」（共同体）は日本のムラとは似て非なるものである。

加えて、それぞれの文化で異なる「共同体」イメージは、近代以降に「国民国家」レベルまで拡大されてきた。「共同体としての日本」、そして中国・韓国……である。世界でも希な「単一民族国民国家」が密集すると理解されがちな東アジア地域においては、ナショナリズムは、その語義通りに民族主義と国家主義の結合を示している。そして国民文化の教育とは「民族文化の教育」であり、国家間・民族の対立軸を前提に、その独自性と優位性を強調する傾向があったことは否めない。このような「民族文化」のあり方とその教育を行うカリキュラムは今日でもある種の必要性はあるかもしれないが、共通の価値観を形成することは困難であろう。

その困難さを卑近な例をあげてみてみよう。食文化である。食文化を語る際に、日本人は日本料理、中国人は中華料理、韓国人は韓国料理の歴史と独自性、他に対するアドバンテージを語りがちである。互いの価値を認めるとしても、その根底には、それぞれが異なる「美味しさ」がある。これを共通の「美味しさ」の基準を設定しようとすると、これは「地域の美味しさの標準化」となり、この基準はグローバル化の中で進む「標準化」の陥穽に陥ってしまう。

たかが食文化とあなどってはいけない。マイノリティが自らのアイデンティティ、民族文化を提示する際に、他者と差異化するためのエスニックマークとして使われるのであり、民族学校やマイノリティの活動では、民族文化の次世代への継承（民族文化教育）における重要な文化的特徴となっている。ここで、マジョリティに対し、政治的、経済的に劣位に立ったマイノリティは「文化」で対抗せざるをえない。この構図が、グローバル化の中で民族や地域の「文化」が強調される文化のポリティクスと通底する状況と、類似性をもつことの重要性を喚起したい。

このような国民（民族）文化教育には、国家、民族の対立軸が大きく影響を与えている。東アジアの場合、この対立軸は、植民地支配－被支配、国民国家形成のプロセス、そして国家群が対立した冷戦構造などの歴史的経緯により、強固に構築されてきた。そしてこれまでは、国家（民族）の対立軸を前提とし、文化的差異に政治的な意味を持たせた上での「民族文化教育」（国民教育）が行われきたのである。

ゆえに東アジアに「共通の価値観」を生み出すことは非常な困難を伴う。この隘路《あいろ》を突破する方法は、外部との間に新たな対立軸を設定することという考えもある。つまりEUというヨーロッパ共同体に対する東アジア共同体、アメリカに対抗する東アジア共同体という発想である。

しかし、この見解には問題がある。これはかつての「ブロック経済」「冷戦構造」の時代への逆行のように思える。文化についていえば、それらの時代には、それぞれのブロックや体制が他に対する文化的優位性を強調したのであり、対立軸を前提に「共通すること」すなわち「共同性」が強調されるだけでなく、「他者に対する優位性」が付与されていた。はたして、この文化のポリティクスはグローバル化する今日の世界において有効なのだろうか、さらには、人類と地球の未来に対して貢献しうるのであろうか。

しかも、そもそも「東アジア共同体」という概念自体非常に曖昧で多義的であり、ある時は「地域主義」という側面が強調され、別の場合には「地域協力」というまったく別の次元の観点から議論がなされている。「東アジア共同体」について統一した見解があるわけではなく、むしろ錯綜した状況をさしあたり「東アジア共同体」という括弧にくくって、全体として考えていこうという姿勢があることは否めない。

4　誰が「アジア共同体」を必要とするのか、作り出すのか

このような錯綜した「東アジア共同体」をめぐる問題について、文化の領域から検討する場合に、スチュアート・ホールが議論した「カルチュラル・アイデンティティ」の論考を参考にし、次の根本的質問をあらためて問いかけることは意味があろう（ホール、二〇〇一年、一―九頁）。

すなわち、「東アジア共同体」についてもっと議論する必要は何なのか。誰が「東アジア共同体」を必要とするのか。

「東アジア共同体」は不十分なあるいは不適切な概念であるのだが、「もっと十分な」あるいは「もっと適切な」概念にするのではなく、「抹消の状態」に置く脱構築的なアプローチである。つまり「アジア共同体」がもとのままの、脱構築されない形ではもはや役に立たないもの――「それを使って考えるといいもの」でないと見なすことである。ただし、「それらの考え方が弁証法的にはほかのものにとって代わられたわけではなく、それに代わるような、ほかの、まったく異なった概念もないので、それらの概念を使って考察」するしかない（ホール、前掲書、八頁）。第二に、「アジア共同体」という概念自体が現実に還元できない場合、その「非還元性」がどこで生まれ、どのような問題群と関わっているかを問うことである。つまり、過度の単純化を恐れずにいえば、「誰がアジア共同体」を必要としているのかを改めて問うことである。

もし、一つのアイデアを述べるとすれば、対立軸の想定によって脱落していく文化、それは相互関係によって生み出される文化や中間的存在が担った文化も視野に入れた間文化、文化際文化の視点の重要性である。この視点を入れた「民族文化」(国民文化)教育の推進であろう。加えて、中心－周辺(文化の正統性)の観点からではなく、民族(国民)文化の内部の多様性も視野にいれながら、全体としてゆるやかな協力・統合をもった「共同体」の構築である。

これに関連し、和田春樹が主張した「新しい地域主義」(アジア共同の家)は、一つの手がかりになるかもしれない。

「……東北アジア全域、中国、ロシア、日本、アメリカにいる朝鮮人、韓国人がこれらの地域をひとつに結びつけていく役割を果たしうる、これを東北アジア共同の家と言っております。東北アジアにそういう安全保障上、環境保護、経済協力の新しい協力関係を作り出していくことが必要です」(和田春樹、二〇〇三年、三六頁)。

この役割を果たすのは、朝鮮人、韓国人に限るものではない。日本人であれ、中国人であれ、内在化された民族文化、国民文化を「越境」し、複数のアイデンティティ(李健志、二〇〇八年)をもった若い「越境者」たちに可能性がある。

今後の「東アジア」の相互協力、「東アジア共同体」をめぐる議論を進めるならば、それぞれがよって立ってきた「民族文化教育」(国民文化教育)の再検討と見直しを進めざるをえないであろう、とささやかに述べるにとどめることにしよう。その際に、大きな役割が期待されるのは、近代国民国家のエージェント(代理人)ではなく、むしろ近代国民国家の枠組みからはみ出した「越境者」のネットワークなのかもしれない。

現在、神戸大学、特に国際文化学研究科には、中国、韓国、モンゴル、ベトナムから多くの留学生が勉学に励んでいる。彼らの多くは、自らの文化とは異なる文化を知る存在であると同時に、その両者の枠にとどまらない中間的な存在である。また、二つの文化を比較するだけでなく、その関係やそのどちらにもあてはまらない社会・文化現象に着目する場合が多い。例えば東アジア海域文化、国境を越えた地域の関係など、国家間の関係にとどまらないテーマが見いだされる。

一方で、それぞれの「国家」のもつ歴史・文化を融合した「東アジア共同の歴史・文化」はその意義は大きいものの、その作業は困難であると同時に、国家間の優劣や合併という問題がつきまとう。国家単位を軸とするのはやむを得ないとしても、東アジア地域の複数の歴史、文化のネットワークの視点を加えることは意味があると思われる。国家間の「優劣」、「異国趣味（エキゾチシズム）」ではなく、その関係性や関係の間に生み出される新しい要素に関心を抱く、東アジア地域の留学生が増えることを望みたい。それが旧来の「民族文化」の限界を超えていく可能性を秘めると考えている。

さらに言えば、もしかしたら、近代的パラダイムを乗り越える契機、人類の「文化のあり方」「文化の理解」を変えうる契機になるのではないか、そしてグローバル化に直面する世界の諸問題について新しい視野を開くのではないか。それは今すぐには無理でも、現在の、これからの留学生が東アジアの諸文化を自由に繋ぐような「文際」研究者が担うのではないか、という夢を語り、私のささやかな論考を終えたいと思う。

引用・参考文献など

伊藤憲一『東アジア共同体と日本の針路』ＮＨＫ出版、二〇〇五年。

黒澤惟昭『東北アジア共同体の研究』明石書店、二〇一三年。

エドワード・サイード（今沢紀子訳、板垣雄三・杉田英明監修）『オリエンタリズム　上・下』平凡社、一九九三年。

佐々木毅・山脇直司・村田雄二郎編『東アジアにおける公共知の創出』東京大学出版会、二〇〇三年。

佐藤洋治・鄭俊坤編著『アジア共同体の創成に向かって』芦書房、二〇一一年。

東アジア共同体評議会『東アジア共同体白書　２０１０』たちばな書房、二〇一〇年。

進藤榮一『東アジア共同体をどうつくるか』ちくま新書、二〇〇七年。

谷口誠『東アジア共同体――経済統合の行方と日本』岩波新書、二〇〇四年。

平川均・石川幸一・小原篤次・小林尚朗『東アジアのグローバル化と地域統合』ミネルヴァ書房、二〇〇七年。

スチュアート・ホール（宇波彰訳）「誰がアイデンティティを必要とするのか?」、スチュアート・ホール／ポール・ドゥ・ゲイ編『カルチュラルアイデンティティの諸問題』大村書店、二〇〇一年、七―三五頁。

山本吉宣・羽場久美子・押村高『国際政治から考える東アジア共同体』ミネルヴァ書房、二〇一二年。

吉野文雄『東アジア共同体は本当に必要なのか――日本の進むべき道を経済の視点から明らかにする』北星堂書店、二〇〇六年。

和田春樹『新地域主義宣言　東北アジア共同の家』平凡社、二〇〇三年。

李健志『日韓ナショナリズムの解体――「複数のアイデンティティ」を生きる思想』筑摩書房、二〇〇八年。

東アジア共同体構想に関する今後の取組について（首相官邸）二〇一五年四月一三日閲覧。

http://www.kantei.go.jp/jp/tyoukanpress/201006/__icsFiles/afieldfile/2010/06/01/koso_east_asia.pdf

（岡田浩樹）

第4章　ASEANとアジア共同体

東北アジアと東南アジアを合わせた広域東アジアを中心とする地域協力機構のある程度予測可能な将来を展望するとき――それが「アジア共同体」と呼び得るものになるかどうかはともかく――、東南アジア諸国連合すなわちASEANが不可欠の位置を占め重要な役割を果たしていくことは確実であろう。そのようにいえるのは、一九六七年の発足以来さまざまな紆余曲折があったにせよ、ASEANは全体として着実な発展を遂げ、アジアの地域協力の中で現に重要な位置を占め、存在感を増してきた実績があるからである。

本章では、第1節で本稿執筆（二〇一四年九月）時点までのASEANの概況を日本や世界の他の地域協力機構と比較しつつ見た上で、その特徴を把握する。第2節ではそのようなASEANがいかに成立し発展してきたか、歴史的な経緯を素描する。第3節ではASEANの枠組みを超える――「アジア共同体」につながるかもしれない――幾つかの広域協力制度の構想や展開にASEANが占めてきた役割を分析することにしよう。

1　ＡＳＥＡＮの現況と特徴

ＡＳＥＡＮの構成国は現在、ブルネイ、カンボジア、インドネシア、ラオス、マレーシア、ミャンマー、フィリピン、シンガポール、タイ、ベトナムの一〇ヵ国である。通常東南アジアと目される地域の中でＡＳＥＡＮに未加盟の国は、旧ポルトガル植民地で一九七六年〜二〇〇一年までインドネシアに併合されていた東ティモールを残すのみとなっている。

ＡＳＥＡＮ全体の幾つかの基本的な数値をまず日本と比較しておこう。一〇ヵ国の総面積は約四四八万平方キロメートルで日本の約一二倍、総人口（二〇一一年時点）は約五億九七九一万人で日本の約四・七倍といずれもかなり上回る。反面、ＧＤＰは約二兆一三五一億米ドルで日本の約三六・四％、一人当たりＧＤＰは約三五七一米ドルで日本の約七・八％と特に後者は大幅に下回る。ただし、輸出入を合わせた総貿易額は約二兆四九二五億米ドルで日本の約一・五倍である。[1]

次にこれらの数値を他の主な地域協力機構と比較してみよう。まず、人口についてみると、約六億人のＡＳＥＡＮは、約四億九五二六万人のＥＵ（欧州連合）、約四億六〇八九万人のＮＡＦＴＡ（北米自由貿易協定）、約二億七六六三万人のＭＥＲＣＯＳＵＲ（南米南部共同市場）を凌駕している。反面、二兆米ドル余のＧＤＰは、約八四九二億米ドルのＭＥＲＣＯＳＵＲを上回るものの、約一七兆五五二二億米ドルのＥＵや約一七兆九八五四億米ドルのＮＡＦＴＡにかなり水をあけられている。まして一人当たりGDPでみると、約三五七一米ドルというASEANの数字は、約三万五四四〇米ドルのEUや約三万九〇二五米ドルのNAFTAの一〇分の一程度で、約一万一九六四米ドルのMERCOSURと比べても三分の一程度である。他方、約二兆五千億米ドルという総貿易額は、EUの約一一兆八一三〇億米ドルには遠く及ばないものの、NAFTAの約五兆三八〇〇億米ドルやMERCOSURの約八四九二億米ドルという数字を見れば、現時点でも比較的健闘しているといえるだろう。[2]

総じてASEANは、これまでに協力機構にまとまった他の地域と比べ、人口が多い反面、GDPましてて一人当たりGDPではかなり低水準にあることがわかる。

むろん、上に挙げた数字は地域全体の合計値や平均値で、構成国間や一国内をとっても様々な格差があることに注意しなければならない。この点は世界のどの地域や国についても言えることだが、ASEANはその格差がとりわけ大きい地域である。例えば人口でみると、インドネシアのように二億四〇〇〇万人を超える大国がある一方、五百万人余りのシンガポールや僅か四〇万人程度のブルネイなどの小国もある。反面一人当たりGDPでみると、そのシンガポールとブルネイが各々約四六二四一米ドル、約三〇四七二米ドルと日本に匹敵する水準に達している一方、カンボジア、ミャンマーは各々約九〇〇米ドル、約八六九米ドルと、きわめて低い水準にとどまっている。[3]

経済指標についてもう一つ付言しておくと、ASEANは日本やEU、NAFTAなどに比べればGDPなどの数字が今も低い水準にあるが、時間軸の中に置いてみると、最近数十年間に急速な伸長を示している、という点にも留意すべきである。例えば、現在ASEANを構成する一〇ヵ国のGNI（国民総所得）合計は一九七〇年には僅か三四〇億米ドル程だったが、一九八五年には二一五三億米ドル、一九九五年には六四六五億米ドルと急速に伸びた。一九九七年〜一九九八年のアジア通貨危機による停滞から立ち直った二〇〇五年には約八九三〇億米ドルと再び成長軌道に乗り、その後も総じて高い経済成長を続けている。(4)

ＡＳＥＡＮを語る時、他の地域以上に「多様性」という特徴が強調されるが、それは既に述べた構成国ごとの人口や経済力についてだけではない。政治体制をみてもタイやブルネイのように王制を堅持する国、インドネシアやフィリピンのように共和制をとる国もある。また、資本主義国だけでなく、ベトナムをはじめ社会主義体制を標榜する国も加入している。またエスニック・グループの数が五〇〇ともいわれるインドネシアを筆頭に、どの国も複雑な民族構成をなし、言語や宗教など文化面においてもきわめて多様である。このうち、宗教についてみると、タイ、カンボジア、ラオス、ミャンマーなど大陸部の構成国の多くでは上座部仏教が、インドネシア、マレーシア、ブルネイなど島嶼部の構成国の多くではイスラームが最も重要な位置を占めている。同じ島嶼部でもフィリピンはカトリックが社会の主流をなす。このように、欧州や南北米州、あるいは西アジア地域などと比べ、政治・経済の面のみならず、社会・文化的にもＡＳＥＡＮはいっそう多様である。逆にいうと、地域全体を統一できそうな共通の政治・経済体制や伝統的価値の基盤を欠いている。では、そのようなＡＳＥＡＮは一体いかなる経緯で成立し現在に至っているのだろうか。

2 ASEANの誕生と成長

ASEANを構成する国々が、二〇世紀中葉まではタイを除き全て欧米列強の植民地（また第二次世界大戦期には日本の占領地）だったことは重要である。ASEAN成立の契機や、域外大国の干渉に神経を尖らせるASEAN諸国の基本的な思考・行動様式において、外国による支配を長く経験した歴史は原点ともいうべきものであろう。

ASEANが発足した一九六七年は冷戦（東南アジアにおいてはベトナム戦争という熱戦）のただなかであり、原加盟国であるタイ、フィリピン、マレーシア、インドネシア、シンガポール五ヵ国の当時の政権の性格から、初期ASEANを東南アジアにおける「反共同盟」とする理解がままみられる。これは全くの間違いではないが、当時の状況をつぶさにみると事態はもう少し複雑である。冷戦やベトナム戦争という大状況を背景としつつも、ASEANに集った国々には当時のこの地域または各国固有の事情があった。特に島嶼部の旧英領植民地（マラヤ、シンガポール、サバ、サラワク、ブルネイ）の独立に当たっての編成の仕方の問題、結果的にブルネイを除く四地域の統合で一九六三年成立したマレーシアを英国の「新植民地主義」の産物とみるインドネシア（末期スカルノ政権）の敵対政策、さらにサバの領有権を主張するフィリピンとマレーシアの対立など、原加盟五ヵ国相互の間でも各国の内部でも様々な紛争の火種がくすぶっていた。ASEANは団結によって域外大国の介入を防ぐという目的もさることながら、相互の信頼を醸成し地域紛争の芽をつむことで、各国内の政治的安定を確保し、モノカルチャーによる工業化の遅れなど植民地期の構造が残っていた社会経済を発展させる環境整備のためにこそ結成されたのである。[5]

誕生から一〇年ほどの初期ASEANは少なくとも年一回の外相級会議を開き、域内外の諸問題を合議した。最初の首脳会議がインドネシアで開かれた一九七六年は発足以来最初の画期とされる。[6]この時の会議はASEAN協和宣言を採択するとともに、東南アジア友好協力条約（TAC）を締結した。TACは加盟国間の紛争を平和的手段で解決することを約したもので、ASEANの基本理念を明文化したものといえる。このほか、従来の外相会議に加え、経済大臣会議（AEM）が制度化された。さらにASEAN事務局をジャカルタに常設することでも合意をみた。一九八〇年代から一九九〇年代初めにかけてASEANは、中越紛争やカンボジア内戦など（当時まだASEAN未加盟の）インドシナ地域の混乱を横目に、日本をはじめとする外資の積極的導入によって順調に経済成長を遂げ、元植民地の国々による地域協力機構の成功例として世界的に注目され始める。

冷戦の終結とグローバル化の急速な進展はASEANに新たな対応を促した。一九九二年の第四回首脳会議がその節目となった。これ以降のASEANの自己変革のうち最も重要なものの一つは経済統合への具体的制度化である。上述の首脳会議でASEAN自由貿易地域（AFTA）の創設が合意された。AFTAは当時のメンバー六ヵ国（原加盟の五ヵ国プラス一九八四年独立と共に加入したブルネイ）の域内関税を一五年計画で原則五％以下に引き下げることを目指したもので、二〇〇三年当初目標より前倒しで達成されることになる。もう一つの変革はメンバー国の拡大である。まず一九九五年、ドイモイ政策を本格化させつつあったベトナムがASEAN加盟を果たした。これを機に一九九七年にはラオスとミャンマー、さらに一九九九年には長い紛争を終えたカンボジアが加盟したことによって、東南アジア全域をカバーする「ＡＳＥＡＮ10」が大方の予想より早く実現することになった。

一九九七年タイに発火し東アジア全体を揺るがしたアジア通貨危機は、ＡＳＥＡＮの危機意識を高め結束を強める効果をもたらした。一九九八年のハノイ行動計画や二〇〇〇年のＡＳＥＡＮ統合イニシアティブ（ＩＡＩ）はいっそうの地域統合に向けた意思の表明である。二〇〇〇年にはまたＡＳＥＡＮに日中韓を加えた経済大臣会議で相互の通貨融通協力を約したチェンマイ・イニシアティブの合意をみた。

アジア通貨危機を乗り越えたＡＳＥＡＮは二〇〇三年の第九回首脳会議で新たな画期を刻む。この時発表されたＡＳＥＡＮ第二協和宣言で、二〇二〇年（のち前倒しされて二〇一五年）を目標とする共同体の創設が謳《うた》われた。これはＡＳＥＡＮ安全保障共同体（ＡＳＣ、のちに政治安全保障共同体ＡＰＳＣへ改称）、ＡＳＥＡＮ経済共同体（ＡＥＣ）、ＡＳＥＡＮ社会文化共同体（ＡＳＣＣ）という三種の共同体創設を目指すものである。二〇〇七年にはＡＳＥＡＮの目的や原則を初めてまとまった形で明文化し法的に規定したＡＳＥＡＮ憲章が調印され、翌二〇〇八年全加盟国の批准を得て発効した。(7)

3　ＡＳＥＡＮと広域制度構築

ＡＳＥＡＮについて注目すべきことは、東南アジア域内の統合にとどまらず、それを超える様々な広域協力制度の枠組み作りに中心的な役割を果たしてきたことである。早くも一九七〇年代、当時の欧州経済共同体（ＥＥＣ）、日本、オーストラリア、アメリカなどと経済問題を中心とする高級事務レベル対話を制度化し、一九七九年からはこれらの域外対話国・機構も参加するＡＳＥＡＮ拡大外相会議（ＰＭＣ）を主宰するようになった。一九八九年のアジア太平洋経済協力（ＡＰＥＣ）発足に際しては、ＡＳＥＡＮの流儀（多数決によらない全会一致や相互の内政不干渉）をＡＰＥＣの運営原則に盛り込ませることに成功した。[8]

一九九〇年代以降、ＡＳＥＡＮを中核に誕生・発展してきた広域協力制度の例として、まず一九九四年に創設されたＡＳＥＡＮ地域フォーラム（ＡＲＦ）が挙げられる。ＡＲＦはアジア・太平洋地域の信頼醸成、予防外交、紛争解決を目指した閣僚レベルの対話フォーラムで、現在ＡＳＥＡＮ一〇ヵ国、日本、中国、韓国、パプアニューギニア、東ティモール、オーストラリア、ニュージーランド、インド、パキスタン、バングラデシュ、スリランカ、ロシア、アメリカ、カナダ、モンゴル、さらに北朝鮮、ＥＵの合計二六ヵ国一機関が参加している。

アジア欧州会合（ＡＳＥＭ）は一九九六年、前々年のシンガポール首相のフランス首相への提案を機に実現した。アジアと欧州の政治、経済および社会・文化面における関係強化を目指す。アジア側からはＡＳＥＡＮ一〇ヵ国、日本、中国、韓国、インド、パキスタン、バングラデシュ、モンゴル、オーストラリア、ニュージーランド、ロシア、[9]およびＡＳＥＡＮ事務局が、欧州側からは二九ヵ国およびＥＵが参加している。

ＡＳＥＡＮ一〇ヵ国に日本、中国、韓国を加えた「ＡＳＥＡＮ＋３」は、一九九七年のアジア通貨危機を契機に広域東アジア諸国が協力していくため、同年のＡＳＥＡＮ首脳会議に日中韓の首脳が招待される形で始まった。ちなみに日中韓の首脳会談はこれが最初である。つまり、ASEANという座敷を借りることで初めて、東アジアの主要三ヵ国である日中韓トップの対話が可能になった事実は記憶されておいてよいだろう。二〇〇五年の第九回首脳会議では、「ASEAN＋3が東アジア共同体を達成するための主要な手段であり、…東アジア共同体構築に向けての政治的勢いを提供する」ことが確認された。[10]

ASEAN＋3の延長上に、オーストラリア、ニュージーランドおよびインドを加えた計一六ヵ国で二〇〇五年に発足したのが東アジア・サミット（EAS）である。EASはこれまでのところ、「アジア共同体」の現実的なあり方を最も近似的に具現ないし予兆させる広域対話制度ではないかと思われる。二〇一一年からはアメリカ、ロシアをも正式メンバーに迎え、アジア諸国だけの閉鎖的なまとまりでなく、開かれた協議の場だという姿勢を打ち出している。EASにおいてもASEANは中心的な位置を占める。第二回のサミットで「EASの推進力はASEANである」ことが謳《うた》われた。また、EASへの新規の参加基準は事実上ASEANが決定している。すなわち、①TAC（東南アジア友好協力条約、前述）の加入国または加入意思をもつ国であること、②ASEANの完全な対話パートナーであること、③ASEANと実質的な協力関係にあること、がEAS加入の条件とされたのである。[11]

このように東アジアの広域制度構築の中心的位置をASEANが占めてきたのはなにゆえだろうか。おそらく、発足当初から「弱小国連合」であることを自認しアジア全体の覇権を握る力も意思もないASEANが主導する方が、そうした覇権を窺う（という疑念を相互に抱いている）中国や日本にとっても都合のよいことであったろう。また、特定国による支配を警戒しつつ、アメリカ、ロシア、インドなども関与させ大国間のバランスをとりながら対話の「場」作りを進めるＡＳＥＡＮのしたたかさ、それを可能にするだけのＡＳＥＡＮ自体の成長と自信の深まりも無視できまい。

東南アジア史研究の大家だった故・永積昭は一九七七年に上梓された著書の末尾に、当時ようやく誕生一〇周年を迎えたＡＳＥＡＮの将来に「ささやかな期待をかける」心情を吐露した。「つい最近まで…お互いの交際より旧宗主国との交際に注意を奪われてきた」国々が「これによって初めて、世界の大国に左右されることのない隣人同士の合議の機関をもつことになった」とみたのである。[12] それから四〇年足らずのうちにＡＳＥＡＮ10による共同体発足を目前の射程におさめ、東南アジアを超えた広域制度の構築をもリードするまでに成長するとは、大半の東南アジア研究者にとっても驚きであったろう。

本書が専門書というより入門書の性格をもつこと、また日本においては欧米や中韓などに比べ東南アジア地域への関心や情報量がいまだ少なく思われることなどを考慮し、本章は全体としてＡＳＥＡＮのポジティブな側面を強調した。実際には、既に触れた域内格差の問題のみならず、広域制度構築への関与の中で露わになってきたＡＳＥＡＮ流儀（全会一致や内政不干渉の原則）の限界、ミャンマーをはじめ少なからぬメンバー国に残る人権抑圧と内外からの民主化要求など、課題は山積している。他方、あくまで国民国家の連合体であったＡＳＥＡＮが市民を主体とするＮＧＯの活力を自ら取り込もうとする新たな動きなどもみられるが、紙幅の制約上割愛する。二一世紀のアジアの重層的かつオープンな広域秩序形成にＡＳＥＡＮが今後も重要な役割を果たしていくだろうことは示せたと思う。

注

（1）外務省アジア大洋州局地域政策課「目で見るＡＳＥＡＮ――ＡＳＥＡＮ経済統計基礎資料」二〇一二年。
（2）外務省『外交青書』（平成二五年版）二〇一三年、五一頁。
（3）外務省アジア大洋州局地域政策課、二〇一二年、前掲資料、三―五頁。
（4）石井米雄ほか監修。『新版 東南アジアを知る事典』平凡社、二〇〇八年、六五七頁の表から筆者計算。
（5）山影進『ＡＳＥＡＮ――シンボルからシステムへ』東京大学出版会、一九九一年。および石井米雄ほか監修、二〇〇八年、所収の鈴木佑司「アセアン」など参照。
（6）以下、ＡＳＥＡＮの時期区分と各時期の内容については主として、山影進編『新しいＡＳＥＡＮ――地域共同体とアジアの中心性を目指して』アジア経済研究所、二〇一一年、（第一章）に依拠する。
（7）ＡＳＥＡＮ憲章全文は www.asean.org からダウンロードできる。その策定過程については Koh Tommy, Rosario G. Manalo, Walter Woon(ed.), 2009, *The Making of the ASEAN Charter*, World Scientific Publishing. を参照。
（8）ＡＰＥＣに埋没することを懸念したＡＳＥＡＮが自分たちの流儀を採用することを求め、ＡＰＥＣの主唱国であるオーストラリア・日本がその要求をほぼそのまま受け入れた。山影進、二〇一一年、前掲書、二一三頁など参照。
（9）日本の外務省ホームページでは、ロシアはアジア側に分類されている。
（10）山影進「ＡＳＥＡＮの変容とアジアにおける地域共同体の構築」『海外事情』二〇〇七年一〇月号、二一頁。
（11）山影進「ＡＳＥＡＮの変容と広域秩序形成」渡邉昭夫編『アジア太平洋と新しい地域主義の展開』千倉

書房、二〇一〇年、一六八―一六九頁。
（12） 永積昭『東南アジアの歴史――モンスーンの風土』講談社、一九七七年。

参考文献など

石井米雄ほか監修『新版 東南アジアを知る事典』平凡社、二〇〇八年。

外務省アジア大洋州局地域政策課「目で見るＡＳＥＡＮ――ＡＳＥＡＮ経済統計基礎資料」二〇一一年。

外務省『外交青書』（平成二五年版）二〇一三年。

谷口誠『東アジア共同体――経済統合のゆくえと日本』岩波書店、二〇〇四年。

永積昭『東南アジアの歴史――モンスーンの風土』講談社、一九七七年。

山影進『ＡＳＥＡＮ――シンボルからシステムへ』東京大学出版会、一九九一年。

山影進「ＡＳＥＡＮの変容とアジアにおける地域共同体の構築」『海外事情』二〇〇七年一〇月号。

山影進「ＡＳＥＡＮの変容と広域秩序形成」渡邉昭夫編『アジア太平洋と新しい地域主義の展開』千倉書房、二〇一〇年、所収。

山影進編『新しいＡＳＥＡＮ――地域共同体とアジアの中心性を目指して』アジア経済研究所、二〇一一年。

渡邉昭夫編『アジア太平洋と新しい地域主義の展開』千倉書房、二〇一〇年。

ＡＳＥＡＮ事務局ウェブサイト：http://www.asean.org/（最終閲覧日二〇一四年九月三〇日）。

Koh Tommy, Rosario G. Manalo, Walter Woon(ed.), 2009, The Making of the ASEAN Charter, World Scientific Publishing.

Singh Daljit(ed.), 2013, *Southeast Asian Affairs 2013*, ISEAS.

（貞好康志）

第２部　国際社会のなかのアジア共同体

第5章　オーストラリアにとってのアジア共同体と太平洋

1　南太平洋の超大国

南太平洋のオセアニア地域に位置するオーストラリアは、多数の弱小島嶼国家のなかにあって、唯一の大陸国家であり、国土も大きく、一定の程度の経済力をもつ。また、歴史的にいってもニュージーランドとオーストラリアだけが入植によって成立した国家であり、社会的背景が他とは大きく異なる。一定の国際的影響力もあるオーストラリアは、この地域では超大国といえる。世界的にはミドルパワーであるものの、オーストラリア自身は大国意識をもつゆえんでもある。

キャプテン・クックが一七七〇年に英国国王の名において領有宣言を行ったのが現在の建国への道のりの始まりといえるが、「ファースト・フリート」とよばれる、最初の移民船が到着したのは、一七八八年のことであり、これ以降本格的にオーストラリアへの入植ははじまった。一七七五年にアメリカ独立戦争が起きたことによって、代替流刑地として入植が始められたのだが、アメリカの独立をふまえ、オーストラリア入植地では、同じ轍《てつ》を踏まないために当初からイギリスとの強い紐帯を維持する統治政策が展開された。独立国家として認めたのちも、本国の都合によっては英帝国に一体化できるような精神性が意識的に醸成されたのである。その結果、オーストラリア国民はアメリカやカナダに比して、非常に強いイギリス・アイデンティティーを持つこととなったといわれる。一九七〇年代まで続く白豪主義がそれを象徴しており、一九九九年に国民投票で共和制への移行が否決されたことにも、そして現在も英連邦の一員でありつづけ、国家元首として英国元首をいだきつづけていることにも表れているといえるだろう。国籍法、市民権法も、一九四九年になってようやく制定された。オーストラリアは、植民地時代を含めて、二〇〇年あまりの歴史しか持たず、植民地を脱し自律的に対外的な外交関係を持つようになってからは、一〇〇年あまりの新しい国なのである（齋藤、二〇〇九年）。

この国にとって、アジア太平洋地域は、その歴史の初期から各場面で重要な役割を果たしてきたし、大きな影響を与えてきたといえる。そしてまた、例えば日本でも昨今、関心の大きなTPP（環太平洋パートナーシップ協定：Trans-Pacific Partnership）の締結拡大への尽力（小林、二〇〇五年）など、オーストラリアがアジア太平洋に位置する国として、力を発揮しようとしている国際的場面も目立つ。本章では、オーストラリアとアジア太平洋との関係、その変化と現在について、歴史にてらし、この地域でのオーストラリアの役割、関係性を論ずる。そのうえで、アジア共同体の可能性とオーストラリアの関係についても考えてみたい。

2　入植の歴史とアジア太平洋

オーストラリア大陸への入植は、すでに述べたように、一七八八年に流刑地として開始された。一七九三年には自由移民がはいりはじめ、流刑囚の移送は一八六八年に終了した。以降も、アングロサクソン、ケルティックを中心とした移民が流入していった。

一八五一年にはオーストラリア大陸で、金鉱が発見され、ゴールド・ラッシュが起きた。そのころから人口は急増し、一八四〇年に四〇万人だった人口は、一八七〇年には、一六四万人まで増加した。中国人労働者が安価な年季契約労働者として動員され、その数は増えていった。また、それ以外にも、例えばクィーンズランド州では、サトウキビプランテーション農園がつくられ、砂糖産業が興隆した。この産業には、安価な労働力として南太平洋のソロモンなどからカナカ（Kanaka）と呼ばれる人々が、強制を伴うような形で連行され、厳しい労働に従事させられた。

このように、大農場主や開発者側は、アジア太平洋地域からの安価で、勤勉な労働力を求め、それを積極的に進めようとしたのだが、白人労働者たちは、有色人種の労働者に対して次第に不満を募らせ、自分たちの労働市場に対する敵とみて、排斥運動を展開するようになっていく。特に、鉱山では、厳しい労働環境と、全体的な収入の減少など、困難と不満の矛先が中国人に向けられるようになっていったのである。

一九〇一年には、オーストラリア連邦が成立した。新生オーストラリアは、白人労働者にとっての敵となる、安価な労働者を排斥する目的で、「有色人種」を排斥する白豪主義を移民政策とした。中国人労働者との頻発する軋轢や衝突を背景として、移民制限法を議会で通過させたものであった。オーストラリアは、イギリスとのつながりを維持し、「白い」オーストラリアであろうとする強い意識をもっており、それが彼らを強く団結させることにもなっていた。この移民制限法は、有色人種に対して、外国語の書き取り試験を課すことによって、望まない移民を排除するシステムで、一九五八年まで続けられた制度であった（藤川、一九九〇年）。

このように、正式にオーストラリア国家としての歴史を刻むことになった始まりに、「白豪主義」という、強い白人アイデンティティを打ち出すことになった背景には、中国をはじめとするアジアと、南太平洋からの移民に対する強い反発があったのであり、オーストラリアの歴史をみるとその始まりから、アジア太平洋という要素の影響が大きかったことがわかる。

3　オーストラリアの対外協力

一九一四年には、第一次世界大戦が終結し、ドイツが敗北した結果、ニューギニア島北部がオーストラリアの国際連盟委任統治領となった。[(1)] これは、オーストラリアにとって初めての正式の在外領であり、一九一七年には太平洋局が設置された。実際のところ、連邦成立までは、オーストラリアは独立国ではなく、外交も含めてイギリスが担い、アジア太平洋を治めていた。そして、この時期以降、アジア太平洋地域におけるイギリスの力は後退していくことになるオーストラリアの本格的な対外援助は、第二次世界大戦後の一九五〇年代から始められた。一九五〇年に、英連邦外相会議が開かれ「コロンボ計画」が発表された。これは、戦後植民地から独立した開発途上国援助のために、経済社会開発と生活水準向上を目指しての援助計画であった。例えば、オーストラリアは東南アジアの共産化を防ぐ目的で、インドネシアから大量の留学生を招へいする等、この地域への本格的な支援を展開している。アジア地域の政治的、経済的安定が自国の安全保障に重要であることは明らかであり、さらに弱まるイギリスの影響力のもと、オーストラリアがイギリスの肩代わりとして援助を拡大することになった（小林、二〇〇五年）。

一方、太平洋の島嶼諸国は、オーストラリアにとっては、いわば身内の国家群であった。アメリカ信託統治領であったミクロネシア三国、フランス領のニューカレドニアと仏領ポリネシア以外の域内国家は、全て英連邦の国々であった。そのため、もともとイギリスを通じて、オーストラリアとは経済的、社会的、政治的関係が強かったのであり、それがオーストラリアに受け継がれることになった。たとえば、ナウル、キリバス、ツバルは、オーストラリアドルを通貨とし、ウエストパック銀行、ANZ銀行といった、オーストラリアの主要銀行が、域内金融業務を担っていた。また、島嶼国政府の専門家、技術者、アドバイザー、裁判官、大学教員などや、航空、海運、通信などの主要な民間会社の幹部にも、オーストラリア人が多く派遣された。学校教育システムや、その他の国家制度にも大きな影響を与えてきたのである。この傾向は、のちも継続していった。

このように、第二次世界大戦後の世界地図の中で、オーストラリアはアジア太平洋地域の要としての積極的役割が求められることになっていったのであり、このことはオーストラリアの国際的なプレゼンスの問題に直結していた。

4 多文化主義国家への変貌

第二次大戦後のオーストラリアでは、国力の回復が急務であった。人口増加二%が目標として設定され、移民増加計画がたてられた。しかし、ヨーロッパ各国もこの戦争では戦場となった国も多く、それぞれに復興が必要な状況であり、オーストラリアに移民を送り出す余裕はなかった。その結果、オーストラリアは移民受け入れ国の範囲を次第に広げてゆくことになった。当初は、東ヨーロッパ、そして南ヨーロッパ、さらにアジア地域と、多くの地域からの移民を受け入れるようになっていった。オーストラリアの移民政策は緩やかに変化していった。

また、先にもふれたように世界の情勢にも変化があった。第二次世界大戦をへて、各植民地は独立していった。こうして、旧宗主国はその利権を手放してゆくことになり、イギリスも同様であった。イギリスのアジア太平洋地域への政治的影響力は減退し、オーストラリアはイギリスの後ろ盾なしに、地域の国々との関係を構築する必要が生まれた。

このような複数の社会的条件を背景として、言語テストによる移民制限は廃止され、一九五九年には有色人種の市民権獲得を許可した。こうして、オーストラリアの白豪主義は終焉をむかえた。一九六四年には、移民省同化局の名称は、統合局へ変更された。そして、一九七〇年代にはいるころには、ウィットラム労働党政権のもと、国の移民の受け入れ方針は、多文化主義へと大きく舵を切ることになったのである（関根、一九八八年）。

多文化主義オーストラリアは、多様な文化的背景を持つ人々の異なる文化を維持、尊重するための政策を積極的に展開していった。公式文書の多言語での印刷、公的な通訳サービス、各国語でのテレビ、ラジオのサービスに特化したテレビラジオ局の設立、各国語の新聞など、が推進された。学校教育においても子供たちの異なる文化背景を積極的に維持させる方策が講じられた。その一方で、主流社会の子どもたちに多文化的状況への理解を広げることも同時に行われていった（窪田、一九九三年）。

そのなかでも、オーストラリアのアジア太平洋地域への態度を象徴していたといえるのが、小中学校での第二外国語教育であった。一九八〇年代、多くの州で、それまでのドイツ語、フランス語にかわり、日本語、インドネシア語、中国語が選択的に教育されたのである。地理的により近く重要性の高い国々の言葉を学び理解を深めよう、という動きであった。異なる多様な民族文化の伝統を重視し、多様性をみとめ、尊重する多文化の国へと変貌しようとしていたことを象徴的に示すものといえる。

そして対外援助政策も、この国の目指す「国のかたち」が多文化的なものにかわるとともに、変化してきた。それまで、イギリスとの紐帯をなによりも重視し、「白い」オーストラリアであろうとしてきたオーストラリアは、アジア太平洋地域にある国として大きく変貌した。一九七一年には、OECD（経済協力開発機構）に参加し、包括的地域組織の理念を推進するようになっていく。一九七八年に、大平首相が「環太平洋連帯構想」を提唱、フレーザー豪首相の賛同を得た。これにより、一九八〇年九月に太平洋経済協力会議が設立され、これを土台として、ホーク豪首相が、一九八九年にAPEC、アジア太平洋経済機構（Asia Pacific Economic Cooperation）を提唱し、発足させた（斎藤、二〇〇九年）。これは、ASEAN（東南アジア諸国連合）の六ヵ国に加えて、日本、アメリカ、カナダ、韓国、オーストラリア、ニュージーランドからなる一二ヵ国で発足されたものである。当初オーストラリアがこの組織を主導したことに、奇異の観をもつ人々も多かった。当時、アジアの各国からはオーストラリアは地域の一員とは見られていたなかったことを意味している。

しかしその後、オーストラリアの継続的な関与もあって、APEC参加国は、二一ヵ国に増加し、アジア太平洋地域の経済連合組織として年一回の首相、外相、経済担当相による各閣僚級会議を開催している。アジア太平洋地域の重要な経済連携の組織として、地域協力によって、世界貿易機関（WTO）のもと、域内の貿易、投資の自由化、自由貿易体制の維持、発展を目的として重要な役割を果たすようになってきた（斎藤、前掲書）。

また、二〇〇八年には、ラッド首相が、アジア太平洋共同体（Asia-Pasific Community）構想を発表するなど、オーストラリアが、この地域での影響力を持ち続け、かつアジア太平洋地域の国としてのアイデンティティを共有するようになっていることを示しているといえるだろう。

5　オーストラリア国内と援助政策

多文化主義時代に入るころからの、オーストラリアの対外援助政策は、国内外の状況の変化とともにどのように変わってきたのであろうか。

一九七〇年代から一九八五年までの時期には、国内では、ウィットラム労働党政権のもと、大きく政治の方向性が変わり、労働者、先住民保護、多様性重視の方向性がはっきりとみられるようになっていった時期である。対外援助についてはしかし、植民地時代の自治政府の援助の在り方が、継続的にそのまま引き継がれていた。つまり、委任統治領であったニューギニアには財政援助が集中的に行われていた。オーストラリアのイニシアティブで、南太平洋フォーラム（SPF：South Pacific Forum）が設立され、地域の経済開発に尽力していた。この南太平洋フォーラムは、アメリカ、イギリス、フランス、オーストラリア、ニュージーランドによってつくられた組織であったが、オーストラリアの拠出する分担金がもっとも多く、太平洋諸島国家への責任を自認にしていたことがわかる（小林、二〇〇五年）。

その後、オーストラリアでは労働党政権が一九九六年まで続く。ホーク首相、キージング首相のもと、労働者の保護、福祉の充実とともに、多文化主義、先住民権利回復などが強く推進された時期であった。この一九八五年から一九九七年までの時期の対外援助では、ＯＤＡ事業が拡大され、本格的な援助事業が展開されはじめた。下院の委員会では、援助事業の見直し作業も行われた。一九八五年にジャクソン報告書とよばれる、海外援助に関する勧告書が提出された。そこでは、よりバランスのとれた援助、太平洋島嶼関係の重視、途上国開発貢献、国際社会全体への広い貢献が進言された。当時のオーストラリアは、多文化主義を強く推進していた時期に当たり、太平洋、そしてアジアとの関係を強めようとの意図がはっきり見られる。対外援助の方針には、多文化的オーストラリアを目指す政策が反映されていたといえるだろう。この時期、国内的には先住民であるアボリジニへの政策も大きく変わる。労働党政権は、オーストラリアの先住民であるアボリジニの土地権を北部準州において認め、その権利回復に向けて動き出した（窪田、二〇一四年）。移民問題だけでなく、異なる文化的背景の集団への寛容さが際立った時期といえるだろう。[2]

一九九六年には久しぶりに自由党が政権につき、二〇〇七年までの長期政権を握る。この間、首相のハワードは、復古主義的ともよべる方針を次々と打ち出した。移民についても、先住民にかかわってもそうであった。一方で、一九九七年〜二〇〇一年の対外援助については、には「シモンズ勧告」（一九九七年）という、海外援助事業についての報告書が提出された。そこでは、援助予算の複数年度化、基金の設立、他国との連携と協調などが進言され、一九八五年以降行われてきたオーストラリアの対外援助が、理想主義と人道主義に偏っていたことが批判的に検討された。この時期、オーストラリアでは多文化主義への批判も表面化していた。そのような国内の社会状況を反映する内容であったといえる。この流れは現在につながっており、経済的負担を背景として援助と介入を同時に行うという援助への姿勢がみて取れる。

6　さらなる変化へ

オーストラリアは、多文化主義をとるようになったものの、一九九〇年代に入るとその体制への批判もあらわれ、回顧主義的な移民政策が表面化するなど、バックラッシュの時期を経験してきた。共和制移行についての国民投票の否決や、歴史観の見直しなど、がそれを象徴している。

しかし、オーストラリアが白豪主義の時代に戻ることはありえないだろうし、これからの世界情勢の中で、オーストラリアにとって、アジア太平洋地域との関係はさらに重要性は高まっている。一つには、アジア地域の経済的興隆がある。資源国であるオーストラリアにとって、中国、インドをはじめとする新興アジア各国は、重要な貿易パートナーとなってきている。それは、ＡＰＥＣでの議論、そしてこれを通じて模索されている、ＴＰＰの締結拡大への動きにむけた交渉もあり、地域間関係は、新たな時代に入ったといえる。

一方、太平洋地域の島嶼国各国は、ニュージーランドを除いて経済的パートナーになりうる力を経済力を持つ国はほとんどないものの、オーストラリアにとってこの地域の政治的安定は重要である。ニューギニアでのブーゲンビル問題の後遺症や、ソロモン諸島での民族対立など、紛争につながる可能性があることに対して、安定的な経済発展をにらみ、経済協力が続けられている。この地域についても新たな関係が生まれているといえるだろう。

さて、二〇〇八年頃からＡＰＥＣを中心に、繰り返し「アジア共同体」という構想があらわれている。確かに経済的有用性が見込める計画となる可能性もあるだろう。しかし、日本の植民地統治とそののちの関係をふくめ、歴史における様々な負の遺産、複雑に絡み合った歴史認識の違い、領土問題など、この地域は、とても簡単に解決できることはない問題を抱えており、たとえ現在のように冷え込んだ国際関係が解決されたとしても、その実現には多くの困難がともなうと思われる。しかし、ここにオーストラリアという全く異なる立場のエージェントが入ることによってプラスの要因を考えるのかもしれない。オーストラリアが入ることで東アジア、またはアジアのみでの関係性ではなく、地勢的に異なるダイナミズムが生まれる。そこには、日本のみが植民地統治の主体ではなくなり、経済、文化的にも異なったバランスがあらわれる。新たな実現の可能性をみることができるようにも思われるのである。

注

（1）一九四九年にはニューギニアの南東部と北東部が統合されパプアニューギニアとなり、西部は一九六二年までオランダ領、その後インドネシアに併合され、現在に至っている。

（2）オーストラリアの先住民アボリジニは、入植以降、迫害の歴史を経験してきた。一九六七年に行われた国民投票によって、ようやく憲法の対象とされ、平等な市民権を手にした。アボリジニの土地権は、一九六〇年代初めから社会問題となってきていた。労働党は、アボリジニ土地権を選挙の争点の一つとしてあげ、その政権のもと一九七二年に、はじめて北部準州においてアボリジニ土地権法が成立した。

引用文献

小林泉「オーストラリアの対外政策」『豪州の対太平洋島嶼国政策』太平洋諸島地域研究所、二〇〇五年。

齋藤憲司「共和制移行論議――オーストラリアのモデル」二〇〇九年。(http://www.ndl.go.jp/jp/diet/publication/document/2009/200885/12.pdf)

関根政美『マルチカルチュラル・オーストラリア――多文化社会オーストラリアの社会変動』成文堂、一九八九年。

藤川隆男『オーストラリア歴史の旅』朝日選書、一九九〇年。

Robert Ho, 1990 Multiculturalism in Australia- Survey attitudes, *Human Relations*, Vol. 43, no.3: 259-272.

窪田幸子「多文化主義とアボリジニ」石川栄吉監修、清水昭俊・吉岡政徳編『オセアニア3　近代に生きる』東京大学出版会、一九九三年、九九―一一三頁。

窪田幸子「オーストラリア・ナショナリズムの変化と先住民」杉本良男編『国立民族学博物館論集②キリスト教文明とナショナリズム――人類学的比較研究』国立民族学博物館、二〇一四年、三五一―三六九頁。

（窪田幸子）

第6章　アジア共同体とアメリカ

1　アジア太平洋地域における地域主義とアメリカの利害

本章では、アジア太平洋地域における地域主義・地域統合の動きに対して、アメリカが果たしてきた、あるいは果たしうる役割について、アメリカ側の認識と、それが果たしてきたプラス、マイナスの役割という両面から考察していきたい。

まずアメリカは、アジア太平洋地域における地域主義の動きについてどのような利害が存在していると認識しているのだろうか。二〇〇八年一月に米・連邦議会調査局が発行した報告書『東アジアの地域アーキテクチュア：新たな経済・安全保障配置と米国の政策』によれば、「東アジアにおける地域主義の台頭は、アメリカの三つの重要な国益、つまり安全保障と経済的繁栄、そして価値投影（value projection）に影響を与えるため、アメリカの政策上の関心事となっている」[1]と指摘している。安全保障上の利害とは、潜在的なライバルである中国と北朝鮮の存在や冷戦以来の朝鮮半島、中台間の対立関係に加えて、東南アジアにおけるテロ脅威や東シナ海、南シナ海における島嶼を巡る領土対立などが挙げられている。経済的利害としては、貿易パートナーとしての、また市場としてのアジアの存在の大きさが挙げられ、最後の価値投影としては、アジア太平洋地域で安定的な民主主義を広げていくことであると指摘されている。[2]同時期の二〇〇七年にワシントンの保守系シンクタンク、戦略国際問題研究所（CSIS）が出版した『東アジア共同体とアメリカ合衆国』で、元・米太平洋軍司令官特別顧問のラルフ・コッサは、「端的に言って、アメリカの政策決定者は、ARFやAPECといったアジア太平洋における多国間組織は政治的・経済的協力を促進し、地域安全保障を高める有効な道具だと信じてきた」と指摘しつつも、特定の脅威を封じ込め、それに対応する包括的なNATO型の同盟組織として東アジアの多国間の安全保障メカニズムをとらえることはできず、あくまでも危機や侵略の可能性を回避する、または低減させるための信頼醸成措置の一種としてみるべきだと指摘している。[3]またコッサは、クリストファー・ヒル国務次官補の言葉を引用しつつ、ASEAN+3、APEC、ARF、そしてEASと地域的フォーラムが増殖しすぎて、「会議疲れ」に陥らないように、重複を避け、シナジー効果を上げられるようにうまく統合していくことを重要であることを指摘している。[4]こうした米国議会・政府関係者の見方を総合すれば、アメリカとしてはアジア太平洋地域の政治的安定や安全保障の強化、地域紛争の回避などにつながる限り、アジア太平洋地域における地域主義の動きを歓迎しつつも、その可能性と限界についても冷静な視線を向けているとみることもできる。

冷戦後の歴代の米国政権はアジアにおける地域主義の動きと実際、どのような姿勢で向き合ってきたのであろうか。またアメリカの対応がアジア太平洋地域における地域統合の動きにどのような影響を与えてきたのかについて具体的に考察してゆきたい。

2　冷戦期のアジアの地域同盟とアメリカ

冷戦期のアメリカは一方で欧州におけるNATOや中南米における米州相互援助条約、そして東南アジア条約機構（SEATO）、太平洋条約機構（ANZUS）のような多国間機構を活用しつつも、アジア太平洋地域では二国間の同盟を締結して、全体で同盟のネットワークを形成する、ハブ（拠点）アンド・スポークス（支店）型の同盟網を構築した。[5]ジョージタウン大学のヴィクター・チャは、アジアでアメリカがNATO型の地域安全保障機構の設立を目指さなかった理由として挙げられる所説を要約し、①陸続きの欧州のように明確な東西の境界線が存在せず、海洋国家が多かったこと、②西欧と違い第二次大戦中や大戦直後のアジアにはアメリカの同盟国が存在しなかったこと、③アジア地域の諸国の日本に対する不信感が根深かったこと、④米国務省内に「アジアには洗練された多国間の安全保障協定が無理だ」という偏見が存在したことを指摘している。[6]

戦後の米欧関係について、ノルウェーの国際政治史研究者のゲイル・ルンデシュタットはかつて、アメリカは欧州に「招かれた帝国」であったと表現した。[7]西欧諸国で根強かったドイツ再興に対する脅威論を抑えつつ、西ドイツを「建国」させるためにアメリカのヨーロッパ関与が求められたのであるとする見方である。つまりNATO軍として米軍が西ドイツに駐留するのは、「ビンのふた」であると考えられた。同じ見方を援用すれば、日本における米軍駐留を表向きは歓迎しない中国も、日本軍国主義の復活の懸念に対する「ビンのふた」(一九九〇年三月二七日付『ワシントン・ポスト』紙での在日米海兵隊ヘンリー・C・スタックポール司令の発言)として米軍が機能することを期待しているとみることもできよう。

しかしながら、アジア太平洋における冷戦の主役は常にアメリカと中国であった。アイゼンハワー大統領は、有名な「ドミノ理論」の例えをもちだし、中国共産党の勝利を最初のドミノとみなして、以後、東南アジア各国に共産主義化の波が広がることに警鐘を鳴らし、インドシナへの軍事介入を正当化した。[8] この論理がその後、ケネディ、ジョンソン政権とベトナムへの軍事介入をエスカレートする際に維持され続けた。しかしアメリカはドミノ理論的な見方に固執するあまり、ホーチミンら北ベトナムの指導者たちの関心が共産主義の世界的拡大よりもベトナムの独立を目的としていたことを十分にとらえることができず、さらに言えば統一ベトナムがカンボジアを侵攻し、それに対して中国がベトナムを侵攻する(一九七九年中越戦争)といった共産主義国同士での対立が生じる可能性を十分に予見することができなかった。[9] 実際、東南アジア地域でベトナムを除くと、カンボジア(一九七六年)とラオス(一九七五年)以外では共産主義勢力が権力を掌握することもなかったのである。一九六七年にASEANが発足するとアメリカは、反共産主義の立場に立ちながら、地域の安全保障と政治的社会的安定に貢献するものとして歓迎した。[10]

一方でASEANは「反共同盟」ではなく、一九七一年の「東南アジア平和・自由・中立地帯(ZOPFAN)宣言」に見られるように、冷戦対立に地域が振り回されないようにする志向性を示していた。[11] そのことは必ずしもアメリカの利害と矛盾するものではなく、アジア太平洋への過度の軍事的コミットメントを縮小していこうとしていたアメリカの方向性とむしろ一致していたともいえる。

3　グアム・ドクトリンとアジアからの「撤退」

一九六九年に大統領に就任したニクソンは、いわゆる「グアム・ドクトリン」を発表し、①アメリカは条約上の全ての誓約を守る。②アメリカは同盟国または地域全体の安全保障にとって、その国の生存が不可欠と考えられる国の自由が核保有国によって脅かされた場合には核の傘を提供する。③他の形の侵略の場合、アメリカはしかるべき要請があれば、軍事的経済的援助を与える。ただし直接脅威を受けた国が、その防御に必要な兵力を提供する主要な責任を負うことを期待する、とした。[12]「グアム・ドクトリン」の核心は、アジアにおけるアメリカの軍事的コミットメントの縮小と同盟国に対して安全保障面での積極的な貢献を求める「責任の分担論」であった。[13] 実際、ニクソン政権は、一九七一年には在韓米軍の一個師団を撤退させ、さらに一九七七年にはカーター大統領が在韓米軍の撤退策を打ち出した。しかし一九七九年の朴大統領暗殺、イラン米大使館人質事件、ソ連のアフガニスタン侵攻などで「撤退」は不可能となった。

イラン米大使館人質事件でのカーター政権の対応を弱腰と批判し、ソ連を「悪の帝国」と呼び、新冷戦的なレトリックを多用したレーガン政権だが、彼の主たる関心地域はソ連と中米であり、東南アジアの優先順位は低かった。[14] レーガン大統領を引き継いだG・H・W・ブッシュ（父）大統領は、一九八九年一二月のゴルバチョフ書記長とのマルタ会談で冷戦終結を宣言したのだが、アジアの冷戦は朝鮮半島に見られるように終結しなかった。ブッシュ（父）は、アメリカのアジア太平洋地域への役割を、「地域のバランサー、正直な調停者、最終的な安全の保証者」と規定し、海外基地、前方展開戦力の維持、二国間の安全保障取り決めを主要な構成要素としてアメリカの軍事的プレゼンスを通じて、アジアの安定と平和に貢献し、この地域のダイナミックな経済発展から恩恵を得ようとするスタンスであったが、この地域で北朝鮮の脅威を除けば、何と何のバランスをとるべきなのかは明確ではなかった。[15] 一九九一年六月のフィリピンでピナツボ火山が噴火し、米軍のクラーク基地が使用不能になると、米軍は放棄した。また同年九月にはフィリピンとの基地協定が期限切れになることになっていたが、スービック基地の一〇年間存続を認めた条約をフィリピン上院が批准を否決、ブッシュ（父）政権側もフィリピン側が求める条件をのんでまで基地を維持する必要はないと判断し、[16] 一九九二年には米軍はフィリピンから完全撤退することになった。これはアジア太平洋地域、とりわけ東南アジアにおける米軍の軍事的関与の縮小の一例と見ることができるが、その結果、一九九五年に中国はフィリピンと領有権を争ってきたスプラトリー（南沙）諸島ミスチーフ礁を占拠して軍事施設を建設、以後、ＡＳＥＡＮ諸国の非難にも関わらず実効支配を続けるなど、アメリカの軍事的関与の縮小が中国の強硬姿勢を誘発した一つの事例となった。

こうしたアメリカの東南アジアからの「撤退」に対して、東南アジア諸国はしばしばアンビバレントな反応を示してきた。例えば、一九九一年のフィリピン米軍基地撤廃決定直後にはシンガポールが米軍への限定的な施設提供を申し出た。また フィリピンも一九九八年には「訪問米軍の地位に関する協定」でアメリカとの関係を再確認した。[17]

4　ポスト冷戦のアジア太平洋とアメリカ

冷戦後のアメリカの東南アジア地域に対する政策の変化は、①インドシナ政策偏重主義からの脱却と、米越関係正常化に見られるような柔軟化、②ASEAN拡大外相会議、ASEAN地域フォーラム（ARF一九九四年〜）などの多国間協議の積極的利用、③反共連合の意味が崩れたことで、インドネシアに東ティモールの人権問題の改善を要求するなど、政治的民主化と市場自由化の要求を強めるようになったこととまとめられることができる。冷戦期の「封じ込め政策」ではなく、「関与と拡大」をスローガンに民主化と自由市場の拡大を目指したクリントン政権だが、その市場至上主義的な姿勢の問題点は一九九七年のアジア通貨危機で露呈した。一九九七年にタイ・バーツ下落を引き金とするアジア通貨危機が発生すると、外資導入・輸出工業化戦略をとっていたアジア諸国はドルに対して事実上の「固定相場制」をとっていたため、大量の資本流出で外貨準備不足に陥り、固定相場を維持できなくなり、通貨価値が暴落し、その結果、各国の経済・通貨への信認が低下し、さらに資金流出、それがまた信認の低下につながるという悪循環に陥った。ＩＭＦは金融支援を供与するとともに変動相場制の導入や経常収支改善のための一時的金融の引き締め、経済構造改革など、急進的な改革を各国に要求したため、経済冷え込みに追いうちをかけ、さらに社会不安を深め、結果的に各国でアメリカ主導のＩＭＦプランへの反発が強まることになった。[18] 一九九七年九月のＧ７で日本は、通貨危機対策としてアジア通貨基金（ＡＭＦ）構想を非公式ながら提案した。参加国が拠出した資金をプールして国際的な通貨基金を設立し、外貨不足に陥った国を支援し、流動性を確保するものであった。韓国とASEANは、この構想に賛成したが、アメリカと中国は反対した。アメリカの強い反対姿勢は、ラリー・サマーズ財務副長官が大蔵省の榊原英輔財務官の自宅を訪問して構想を批判する事態にまで発展した。結果としてAMF構想は頓挫することとなった。[19] AMFの事例は、アメリカや中国主導でなく、アジア地域で経済統合を進めることの困難さを象徴する事例となった。クリントン政権は一九九九年の東ティモール独立をめぐる対立でも反応が鈍かっただけでなく、人権侵害を理由にインドネシアとの軍事的協力関係を一時中断した。[20] このように一九九〇年代のアメリカは東南アジアへの軍事的関与を縮小する一方で、市場主義や民主化を押し付け、東南アジアの米国離れを招き、中国の軍事的、経済的プレゼンスを高めることになった。

5　対テロ戦争におけるアメリカとアジア

G・W・ブッシュ（子）政権はテロとの戦いを推進する立場からアジアの同盟国・友好国との協力関係を重視した。二〇〇一年九月一一日のテロ事件以後は、アルカイダと関係を疑われているイスラム過激派のアブ・サヤフを抱えるフィリピンのアロヨ大統領はアメリカのアフガニスタン攻撃を支持、アブ・サヤフ掃討作戦に米軍の軍事アドバイザーを迎えた。他方、世界最大の二億人のイスラム教徒を抱えるインドネシアは、国内での反米主義の高まりにより、軍事交流や援助の申し出にも関わらず、アフガニスタン戦争を支持できなかった。マレーシアも積極的な支持を見送った。二〇〇三年のイラク戦争の際もこれらの国々は、いずれも攻撃支持を表明しなかった。[21] このように各国が異なる事情を抱えている中で、対テロでアメリカと積極的な連携を保っているのはフィリピンとシンガポール、タイである。二国間の軍事協力や共同軍事演習が注目されがちだが、アメリカはASEANと二〇〇二年八月に「国際テロとの戦いのための協力に関する共同宣言」を採択し、テロ情報の交換や諜報協力、訓練での協力の強化がうたわれた。[22] こうしたASEANレベルでのテロ対策として日本も二〇〇五年一二月の日・ASEAN首脳会議における合意に基づき、二〇〇六年から毎年、日・ASEANテロ対策対話を実施している。[23]

しかしブッシュ（子）政権の八年間はイラク、アフガニスタンの二つの戦争で忙殺され、アジア太平洋の安全保障問題には十分な関心が向けられたとはいいがたい。コンドリーザ・ライス国務長官が二〇〇五年と二〇〇七年のARF外相会談を欠席し、ブッシュ（子）政権が二〇〇七年の米・ASEANサミットを一方的に延期したのは東南アジア軽視だと批判された。二〇〇五年に東アジアサミット（EAS）が成立した際にもその前提となる東南アジア友好条約（TAC）に加盟せず、結局、サミットには参加しなかった。[24] TACに加盟するとミャンマーの人権問題などに内政干渉することができなくなるのも加盟を躊躇《ちゅうちょ》した理由として考えられる。[25] 結局、アメリカがTACに加盟し、EASに参加するのは、ハワイに生まれ、インドネシアで幼少期を過ごした初の「太平洋大統領」を自称する[26]オバマ政権になってからであった。とはいえ、ブッシュ政権期にもアメリカは二〇〇五年一一月に「ASEAN米国の強化されたパートナーシップ共同ビジョン宣言」を発表し、二〇〇六年七月にはその行動計画を発表、二〇〇七年からは行動計画を補完するものとして「国家協力と経済協力のためのASEAN開発ビジョン」を実施し、ASEAN共同体化支援政策を行ってきた。[27] また二〇〇六年の『米国の安全保障戦略』でも、ARFやAPECのような既存の機構が「自由と繁栄と地域の安全の拡大」に死活的に重要な役割を果たしうるとしていたのである[28]。

6　中国のプレゼンスの拡大と南シナ海問題

二〇〇九年一月にオバマ政権が成立すると、二月にはクリントン国務長官が就任後の外遊地として、日本、インドネシア、韓国、中国を訪問して、アジア重視の姿勢を印象付け、インドネシアではTAC加盟を表明し、七月のプーケットでのARFで同条約に署名した[29]。これは二〇〇三年に日本などに先駆けTACに署名したほか、二〇〇五年からはASEANとの自由貿易協定（FTA）も発効させるなど、ASEANとの経済関係を深化させていた中国を意識してのことだったが、オバマ政権下では海洋進出を強める中国とASEAN諸国の対立が激化し、対応を迫られる事態が多発するようになった。南シナ海では、南沙（スプラトリー）諸島では中国とベトナム、フィリピン、マレーシア、ブルネイ、台湾が、西沙（パラセル）諸島では中国とベトナムが領有権を争ってきた。不測の事態に備えて、ASEANと中国は二〇〇二年「南シナ海行動宣言」に調印し、平和的に問題の解決を図ることで合意し、新たな建造物の整備や軍事演習の事前通告などを決めてきたが、法的な拘束力はなかった[30]。

アメリカは二〇一〇年七月のARFですべての代表に事前連絡を取り、南シナ海問題における国際的な権利について議論するように根回しをし、二〇〇二年行動宣言の中の平和的解決までの間になしうる軍事的信頼醸成措置、航行の安全と海上でのコミュニケーション等についてのガイドラインの策定を促した。ガイドラインは、二〇一一年七月のインドネシア・バリ島でのASEAN中国外相会議で公表されることになった。[31] 南シナ海だけでなく東シナ海でも同年九月に尖閣諸島沖で、海上保安庁の巡視船と中国漁船衝突事件が生じたことは、日米安保条約を締結しているアメリカにとっても安全保障上重大な関心事項となってきた。こうした中国の強硬姿勢をけん制する狙いからオバマ大統領は二〇一一年一一月一六日、就任後初めてオーストラリアを訪問して、ギラード首相と会談、オーストラリア北部に米海兵隊を最大二五〇〇人規模駐留させることを柱とする同盟強化策を発表した。[32] また一一月一九日にバリ島で開かれた東アジアサミットに正式メンバーとして初参加したオバマ大統領は、温家宝首相に対して「航行の自由を含む海洋の安全保障」の重要性と、「領有権の主張は国際法に基づくべき」であることを強調した。[33] またアメリカは、二〇一二年一月に公表した新軍事戦略『世界でアメリカのリーダーシップを維持するために：二一世紀の防衛の優先課題』で南シナ海を含むアジア太平洋地域で米軍が自由に行動できるよう必要な軍事資源を投入するとした。そのために海空両軍の統合作戦能力を高めるとした。[34] このようにオバマ政権は、ブッシュ政権下では比較的軽視していたARFやEASなどの会議を有効に利用しながら、中国の海洋進出をけん制している。アメリカの歴代政権はブッシュ政権のように単独行動主義に陥るか、あるいは二国間で交渉することを好み、多国間交渉を必ずしも得意とはしていない場合が多かったが、オバマ政権のように多国間主義を標榜している場合は、ASEANを中心に多国間の交渉チャンネルが整備されていることはアメリカにとっても好都合だといえよう。「南シナ海」問題の「国際化」を避けようとする中国は、このように会議外交でアメリカに攻勢をかけられた場合は守勢に立たざるを得ず、米中両国にとって、ASEANを中心とした多国間機構をどう生かしていくのかが地域での影響力を維持できるかに大きく影響していくことになると思われる。

7　アジアの地域統合と米中の今後

アジアの経済統合の在り方を巡ってもアメリカは、東アジア地域包括的経済連携（ＲＣＦＰ）など、ＡＳＥＡＮ＋３やＡＳＥＡＮ＋６主導の米国抜きの地域経済統合の動きを警戒し、ＡＰＥＣ全域での自由貿易圏（ＦＴＡＡＰ）の創出を目指していたが、ＡＰＥＣの全会一致原則のため、事実上不可能であった。したがってオバマ政権は、ＴＰＰという九〇％以上の自由化率といった高いハードルをクリアできる国同士の経済連携を積み重ねるという点で現実的な方法で、米国抜きでアジアでの経済連携の動きが進まぬように「くさびを打ち込もう」としているという見方は少なくない。[35] 二〇一〇年以降、尖閣問題や南シナ海での中国の海洋進出と周辺諸国の緊張関係の高まりにより、日本やＡＳＥＡＮ諸国の対中警戒感が強まったことによって結果的に菅政権以降の日本の政権もＴＰＰ参加に積極姿勢を示すきっかけとなったのも象徴的で、アジア経済統合の問題が、日本ではともすると、日米関係重視の環太平洋経済連携か、日中関係重視の東アジア地域経済統合かという矮小化された二分法で語られがちである。そうなるとマレーシアなど、米中両国に対する経済的依存度が大きい域内諸国を板挟みの状況に置くことになりかねない。しかしＴＰＰ交渉が停滞していることは、「くさび」を打ち込むどころではなく、二〇一三年六月の習近平国家主席の訪米前にはＴＰＰの「参加の可能性を分析する」としていた中国も、二〇一四年三月には　高商務相は「中国は我々の自由貿易圏の建設を推進している」と強調し、独自のFTA戦略に自信を示していた。[36] 実際、二〇一四年一一月に北京で開かれたAPEC首脳会談と同時に開かれたTPP首脳会合も成果はなかった。むしろAPECでの米中首脳会談や日中首脳会談の最大の成果は、米中間では軍艦艇や航空機などによる偶発的衝突防止の連絡メカニズムの導入、日中間では海上連絡メカニズムの協議を開始することで合意したことである。二〇一三年一二月には、南シナ海の公海上で、米海軍のミサイル巡洋艦に中国海軍の艦船が、二〇一四年八月には米軍哨戒機に中国軍戦闘機が六メートルまで接近するなど偶発的衝突の危険性が高まっていた。こうした危険を避けることは当事国のみならず、周辺諸国やアジア地域全体にとって死活的に重要な問題である。二〇一三年のAPEC首脳会談で習近平主席が提唱したアジアインフラ投資銀行（AIIB）に対して、日米両国は、運営の不透明性や融資基準の曖昧さなどを理由に不参加を表明したが、二〇一五年三月一二日にイギリスが参加表明すると、フランス、ドイツ、ロシアなども次々に参加を表明し、結局五七ヵ国でスタートすることになった。先行きはまだ不透明だが、TPPが米国連邦議会下院で民主党内からも反対が噴出して進まない中で、中国がアジア太平洋地域における国際金融秩序再編へ向けて一歩リードすることになった。

以上、ASEANを中心としたアジアにおける地域統合の動きとアメリカの関係について概観してきたが、アメリカはアジア太平洋地域のおける地域統合の動きを経済の安定と地域安全保障に貢献するものとしておおむね歓迎しつつ、ARFやEASなどの枠組みも会議外交の場として有効に活用して中国の一方的な影響力の増大をけん制してきたとみることもできるだろう。インドネシア科学院の

D・F・アンワー教授は、ASEANとしてはオバマ政権がブッシュ前政権よりはアジア外交を重視していることを歓迎しつつも、軍事的に過度にアメリカに依存することに警鐘を鳴らしている。[37] 米国自体もアジアでの武力衝突やそれに米軍が介入せざるを得ない事態を望んでいないことは間違いなく、その点が中国との偶発的衝突防止の連絡メカニズムの導入につながっている。

朝鮮半島における冷戦構造の継続、東南アジアにおいて頻発するテロ、中国の海洋進出と周辺諸国との摩擦など、アメリカの軍事的プレゼンスを求める要因がアジアでは継続している。また米国主導のTPPと中国主導のASEAN—FTA網やAIIBが対立的な選択肢となり、米中対決がアジア統合の遠心力として働いているとみることができる一方で日本が提案したアジア通貨基金構想を米中両国が拒否したように、米中以外の国がアジア地域でイニシアティブをとるような動きが出た場合は米中が協力して阻止する場合もある。米中両国が結局のところ現状の力の均衡を維持する方向に働いている、と悲観的に見ることもできるが、アジアへの関与が消極的だったG・W・ブッシュ（子）政権がASEAN共同体支援政策を行ってきたこと、米中両国ともTACに加盟し、EASのメンバーとして会議外交を展開するようになってきたこと、APEC首脳会談がG8やG20と同様に重要な国際政治日程となっていることなどを考えると、ASEANを軸としたアジア地域統合の深化の恩恵を米中両国ともに受けており、それを政治的資源として利用するようになってきていると肯定的に評価することもできるのではないだろうか。

注

（1）Nanto, Dick K. “East Asian Regional Architecture: New Economic and Security Arrangements and U.S.

Policy." *CRS Report for Congress*, January 4, 2008, p.28.

（2）Nanto 2008, pp.24-30.

（3）Cossa, Ralph A. 2007. "An East Asian Community and the Unites States: An American Perspective." In *An East Asian Community and the United States*. Eds., by Ralph A. Cossa and Akihiko Tanaka. Washington, D. C. : Center for Strategic and International Studies, p.157.

（4）Cossa 2007, pp.167-168.

（5）アメリカが締結した二国間の安全保障条約の相手国と締結年は以下の通り。日本（一九五一年）、フィリピン（一九五一年）、韓国（一九五三年）、タイ（一九五四年）、台湾（一九五四年発効、一九七九年失効）。

（6）Cha, Victor D. 2009. "Powerplay: Origins of U.S. Alliance System in Asia." *International Security* 34:3, pp. 161-163.

（7）Lundestad, Geir. 1986. "Empire by Invitation? The United States and Western Europe, 1945-52" *Journal of Peace Research* 23:3, pp. 263-277.

（8）Federal Register Division, National Archives and Record Service General Services Administration. 1954. *Public Papers of the Presidents of the United States. Dwight D. Eisenhower.* U.S. Government Printing Office, pp. 381- 390.

（9）小笠原高雪「アメリカの東南アジア政策」、五味俊樹・滝田賢治『現代アメリカ外交の転換過程』南窓社、二〇〇〇年、一八五―一八六頁。"Domino Theory"（History.com website http://www.history.com/topics/cold-war/domino-theory）.

（10）Bennett, Isabella, Julie Ginsberg, and Beina Xu. 2013. "ASEAN: The Association of Southeast Asian Nation."

Council on Foreign Relations website (http://www.cfr.org/asia-and-pacific/asean-association-southeast-asian-nations/p18616)

（11）黒柳米司「アジア冷戦とＡＳＥＡＮの対応：ＺＯＰＦＡＮを手がかりに」『アジア研究』52：2、二〇〇六年、二七—二九頁。

（12）Girling, J. L. S. 1970. "The Guam Doctrine" *International Affairs* 46: 1, pp. 48-62.

（13）Alagappa, Muthiah. 1989. "U.S.—ASEAN Security Relations: Challenges and Prospects." *Contemporary Southeast Asia*, 11: 1, p.2.

（14）Mauzy, Diane K. and Brian L. Job. 2007. "U.S. Policy in Southeast Asia: Limited Re-engagement after Years of Benign Neglect." *Asian Survey* 47: 4, p.624.

（15）Tow, William T. 2001. *Asia-Pacific Strategic Relations: Seeking Convergent Security*. Cambridge, UK: Cambridge University Press, p.186.

（16）小笠原、二〇〇〇年、一九九頁。

（17）Lum, Thomas. 2012. "The Republic of the Philippines and U.S. Interests." *CRS Report for Congress*, April 5, 2012, p.14.

（18）坂田幹男『ベーシック・アジア経済論』晃洋書房、二〇一三年、四四—五〇頁。

（19）Lipscy, Phillip Y. 2003. "Japan、s Asian Monetary Fund Proposal." *Stanford Journal of East Asian Affairs* 3:1, pp.95-96.

（20）McKercher, B.J.C. ed. 2012. *Routledge Handbook of Diplomacy and Statecraft*. New York: Routledge., p.219.

（21）金子芳樹「東南アジアとアメリカ：イスラム過激派対策をめぐる立場と関係」、五味俊樹・滝田賢治『９・

11以後のアメリカと世界』南窓社、二〇〇四年。

（22）S.Pushpanathan. "ASEAN Efforts to Combat Terrorism," ASEAN website, August 20, 2003.（http://www.asean.org/resources/item/asean-efforts-to-combat-terrorism-by-spushpanathan).

（23）外務省「日本の安全保障と国際社会の平和と安定：日本の国際テロ対策協力：地域協力」外務省ホームページ、二〇一一年（http://www.mofa.go.jp/mofaj/gaiko/terro/kyoryoku_02.html).

（24）Anwar, Dewi Fortuna. "An Indonesian Perspective on the U.S. Rebalancing Effort toward Asia" *NBR Commentary*. February 26, 2013, pp.1-2.

（25）藪中三十二「アジア太平洋における地域統合構想で想うこと」『国際問題』No.622、二〇一三年、二頁。藪中氏が書いているのは日本の例だが、同様の論理が米国にも当てはまると考えられる。

（26）Talev, Margaret. "Asia Rise Drives Obama Message as U.S.'s First Pacific President." *Bloomberg.com*, November 11, 2011 (http://www.bloomberg.com/news/2011-11-11/asia-ascending-drives-obama-message-as-america-s-first-pacific-president.html).

（27）湯澤武「米国とＡＳＥＡＮ共同体：ＡＳＥＡＮ共同体構想への積極的関与とその要因」『アジ研ワールドトレンド』No.170、二〇〇九年一一月、三二―三五頁。

（28）The White House. 2006. *The National Security Strategy of the United States* (March 2006). The White House, p.40.

（29）『日本経済新聞』二〇〇九年七月二三日。

（30）『日本経済新聞』二〇一〇年一〇月一六日。

（31）佐藤考一「米中対峙下の南シナ海紛争」、黒柳米司編『「米中対峙」時代のＡＳＥＡＮ——共同体の深化

と対外関与の拡大』明石書店、二〇一四年、一九七―一九八頁。
(32)『朝日新聞』二〇一一年一一月一七日。
(33)『朝日新聞』二〇一一年一一月一九日。
(34) U.S. Department of Defense. 2012. *Sustaining U.S. Global Leadership: Priorities for 21st Century Defense.* U.S. Department of Defense.
(35) 例えば、坂田、二〇一三年、前掲書、一七六―一七八頁。
(36)『日本経済新聞』二〇一四年三月八日。
(37) Anwar 2013, p.4.

参考文献

アーロン・L・フリードバーグ（佐橋亮監訳）『支配への競争：米中対立とアジアの将来』日本評論社、二〇一三年。

金俊行『テキストブック現代アジアとグローバリズム』東洋経済新報社、二〇一一年。

松岡俊二・勝間田弘『アジア地域統合の展開』勁草書房、二〇一一年。

林華生『アジア共同体：その構想と課題』蒼蒼社、二〇一三年。

久保文明、高畑昭男『アジア回帰するアメリカ――外交安全保障政策の検証』ＮＴＴ出版、二〇一三年。

久保文明『オバマ政権のアジア戦略』ウェッジ、二〇〇九年。

佐々木卓也『戦後アメリカ外交史』有斐閣、二〇〇九年。

高木誠一郎『米中関係――冷戦後の構造と展開』日本国際問題研究所、二〇〇七年。

石井修・滝田賢治『現代アメリカ外交キーワード――国際政治を理解するために』有斐閣、二〇〇三年。

五十嵐武士『アメリカ外交と21世紀の世界――冷戦史の背景と地域的多様性をふまえて』昭和堂、二〇〇六年。

ロバート・ケーガン（山岡洋一訳）『ネオコンの論理：アメリカ新保守主義の世界戦略』光文社、二〇〇三年。


（安岡正晴）

第7章　ロシアとアジア共同体

1　アジアを向くロシア

近年のロシア外交をみると、欧州方面における不協和音の増大と、アジア方面での活動の活発化が見て取れる。

まず欧州方面においては、旧東欧諸国の大部分、そしてバルト三国など旧ソ連圏地域がEUおよびNATOに加盟し、政治地図の色分けはほぼ確定した（唯一その帰趨《きすう》が不確定な国がウクライナ）。政治的にみれば、ロシアは欧州で劣勢に立たされたといえる。また、ロシアによる同性愛宣伝禁止法（二〇一三年）に対する欧米諸国の反発にも見て取れるように、人権問題一つとってもロシアと欧州諸国との隔たりは大きい。

たしかに石油や天然ガスなどの資源面では、欧州の対ロシア依存度は高い。それがロシアの外交上の強みともなっている。だがEU諸国の景気減速や、シェールガス革命による欧州市場へのエネルギー供給伸び悩みなどから、歳入の五割をエネルギーに依存するロシアにとって、欧州はロシアの経済成長を促すどころか、逆に低迷させる要因となりかねなくなっている。ロシアが国力をさらに増進させるための鍵を握るのは、いまやアジアとの関係なのである。

今世紀に入ってロシアがアジアを重視していることは、様々な政策から裏付けることができる。たとえば二〇〇五年一〇月、ロシア政府は北方領土を含む千島諸島の社会経済発展計画を策定した。これは翌二〇〇六年八月に政府によって承認され、二〇〇七年から二〇一五年までに総額約一八〇億ルーブルを投入することが決まった。この計画に沿って千島諸島のインフラ整備を精力的に推し進めたために、これらの島々の町並みは一変するほど近代化されるに至った。

二〇一〇年七月二日、ハバロフスク市で極東地域の社会・経済発展に関する会議が開催された。メドヴェージェフ大統領（当時）はスピーチの中でアジア太平洋地域諸国との貿易成長率が維持されていること、特に中国や韓国との貿易高が前年比で大幅に増大していること、モンゴルや中国東北部との国境協力が活性化していることなどを述べた。二〇一二年九月にはウラジオストクでAPEC首脳会談が開かれたが、これ以後同市は、ロシアの対アジア貿易拠点として急速な発展をとげている。

さらにロシアは、APECや東アジアサミット（二〇一一年初めて正式参加）とは別に、独自の地域的多国間システムをもっている。たとえば中国や中央アジア諸国とつくっている上海協力機構は、二〇一一年に一〇周年を迎えた。

また、二〇一一年一〇月にプーチン首相（当時）は、アジア太平洋地域をヨーロッパと結びつける

「ユーラシア連合」構想を発表し、[1]その一歩として旧ソ連圏諸国と自由貿易条約を結んだ。

同年九月にはサハリン、ハバロフスク、ウラジオストクを結ぶ天然ガスのパイプラインが開通したが、これは今後、北朝鮮を経由し、中国や韓国へも延長される見通しという。さらに、ロシア、北朝鮮、韓国を結ぶ鉄道が敷設されるプランもある。すなわち、ロシア、中国、北朝鮮、韓国による北東アジア経済圏が形成されようとしていると見ることができる。

特にめざましいのは中ロ間の経済関係の進展である。日本外務省のデータによれば、二〇一〇年以降、ロシアにとって中国は、ドイツ、オランダを抜き最大の貿易相手国となっている。二〇〇四年一〇月に国境問題を最終的に解決した両国は、互いを「戦略的パートナー」を呼び、極めて良好な関係を対外的にも示している。世界最大のエネルギー消費国であると中国と、世界最大のエネルギー産出国であるロシアが経済的に相互補完関係にあることは明らかであって、政治上の妨げがないかぎり、経済協力が深まっていくことは必然といえよう。

近年の動向をみても、二〇一三年三月下旬に習近平中国国家主席がロシアを訪れ、プーチン大統領と首脳会談を行ったが、その場でプーチン氏は、「二〇一五年までにロシアと中国の貿易高は一〇〇〇億ドルに達するだろう」と述べ、「ロシアと中国の多面的な協力は両国民の根本的な利害に合致している」と明言した。またこの会談では天然資源のみならず、情報技術、航空機建造、原子力エネルギーなどハイテク分野でも緊密な協業を行っていくことが約束された。[2]

二〇一三年九月初旬、サンクトペテルブルクで開かれたG20首脳会議の折には、中ロ間で資源協力など五文書が調印された。さらに翌一〇月にメドヴェージェフ首相が北京を訪問した際には、ロシアの原油供給に関する大型契約ほか20件以上の文書が調印されている。そのときのメドヴェージェフ氏の言を引用すれば、「ロ中関係はこれまでにないほどの高いレベルに」達したといえるだろう（3）。

そして二〇一四年五月下旬、プーチン大統領が上海を訪問し、ロシアの天然ガスを今後三〇年にわたって中国に供給する大型の契約が成立した。実はこの件に関する交渉は、価格面での折合がつかないこともあって一〇数年間も難航してきたものだった。その決着は、両国の蜜月関係を象徴しているとも見える。

だが、こうした国家関係とは裏腹に、ローカルなレベルでは（殊にロシア側に）、いくつかの不満や対立感情があることも見逃せない。その一つは、ロシア極東部と中国との貿易上の不均衡問題である。すなわち、ロシア側からの輸出の大部分は、原油、天然ガスなどエネルギー資源が占める。他方、中国側からは、その資源を使って加工した工業製品がロシアに入ってくる。それが構造化されてしまうと、いつまで経ってもロシア極東部の産業が育成できないとの危惧がロシア現地住民にはあるのだ。

第二は、ロシア極東地域で農作を行う中国人への不信感である。主として二〇〇八年以後、中国からロシア沿海地方やアムール州へ多くの農民がやってきて、穀物栽培に従事するようになったが、彼らは短期間に収穫をあげるため、ロシアが禁ずる農薬を使用し、土壌汚染の被害をもたらした。そのため二〇一三年には中国人による農業経営が禁じられたという[4]。また、ロシア人としては単に労働力不足を補うために外国人を招いているのではなく、彼らの高い農業技術を欲しているのに、中国の農業経営者はそれを教えようとしないとの不満も現地にはあるようだ。

そして第三は、人口問題である。ロシア極東地域における中国人移民の数は増加の一途をたどっている。そのなかには不法滞在者も少なくない。こうした中国からの労働力移動に対する疑心暗鬼は、ロシア極東部の人々のあいだに「中国脅威論」もしくは「黄禍論《こうかろん》」をもたらしているといわれる[5]。一見緊密にみえる中ロ関係も、このように地域レベルではかなり深刻な軋轢《あつれき》が存在している。

2　歴史認識の問題とロシア

アジアにおける中ロ関係の緊密化は、歴史認識の共有化という形でも表れている。ロシアがソ連時代の社会主義を放棄した現在、中ロ両国は、第二次世界大戦に関する歴史認識を共有することで一種のイデオロギー的な結びつきを強めている感がある。

そのことが顕在化するようになったのは二〇一〇年のことである。まず同年五月、胡錦濤中国国家主席（当時）が訪ロし、戦勝六五周年記念式典に参加した。七月にはロシア議会下院が、日本が降伏文書に調印した九月二日を第二次世界大戦終結記念日とする法案を可決した。この法案は上院でも承認され、大統領が署名した。

両国の歴史認識に対する一致が最も盛大に対外的に誇示されたのは、同年九月下旬に行われたメドヴェージェフ大統領（当時）による中国訪問時のことであった。両国首脳は第二次世界大戦終結六五周年に際しての共同声明を発し、そのなかで次のように述べたのである。「日本による中国侵略の直後にソ連は、我らの隣国に大規模な支援を行った。両国の飛行士が肩を並べて戦闘したのである。……兵士間の友情と両国民の相互支援という輝かしい歴史的ページは、現代ロ中間の戦略的パートナーシップと相互協力の関係に不動の礎を築いた。……第二次世界大戦の歴史を捏造し、ナチスと軍国主義者とその追随者を英雄視し、解放者達を冒?するような試みをロシアと中国は断固として非難する。国連憲章やその他の国際文書によって確定された第二次世界大戦の結果への修正は断じて受入れられない」[6]。

このような歴史への言及が、日本を念頭に置いたものであることは想像に難くない。そして「第二次世界大戦の結果への修正は断じて受入れられない」という文言が領土問題を指し示していることは容易に推測できる。日本に対し尖閣諸島の領有権を主張する中国と、北方領土問題を抱えるロシアが、いわば歴史的な正義を楯として、わが国の領土的立場に真っ向から挑もうとしているかの感があった。二〇一〇年一一月一日、メドヴェージェフが国後を訪問したことも、ロシアのそうした意図を印象づけるものであった。

二〇一三年一〇月七日、インドネシアのバリ島におけるAPECに参加した中ロ首脳は、第二次世界大戦勝利七〇周年を共同で祝賀会を催すことを確認した。この戦勝祝賀会を行うことについては、二〇一四年二月、ソチオリンピックの開会式に参加した習近平国家主席とプーチン大統領のあいだで再確認された。

このように共通の歴史認識をイデオロギー的基盤としつつ、両国は軍事面でも協力関係を深めているようである。その端的な表れは、二〇一四年五月にプーチン大統領が上海を訪問し、アジア信頼醸成措置会議（CICA）に参加したことと、それに時期を合わせ中ロ共同軍事演習が行われたことであろう。

昨今のアジアは、一方では集団的自衛権を閣議決定した日本とアメリカによる同盟関係の強化、他方では中ロの政治的、経済的、軍事的関係の進展という構図が明らかになりつつある。中ロと日米それぞれの軍事同盟が対立に発展すれば、アジアにおける共同体の構築とは反すると言わざるを得ない。

この対立をどう抑えるかが日本外交の課題である。特に対ロ関係のあり方が重要と思われる。

3　アジア共同体の構築に向けて

アジア共同体を構築するうえで、日ロ関係の帰趨が重要なカギを握ると考える。わが国は対ロ外交の基本方針として次の諸点を挙げている。第一に、アジア太平洋地域のパートナーとしてふさわしい日ロ関係を構築すること、第二に、政治、経済、安全保障、文化、国際舞台での協力等、あらゆる分野において日ロ関係を発展させること、そして第三に、以上の二点と併行して北方領土問題を解決し、平和条約を締結することである。(7) このように全方面に向けて両国関係を活性化していくことは、日ロ双方の国益にかなうだけでなく、アジア全体の利益に合致するだろう。

安全保障面において特筆すべきは、二〇一三年四月の日ロ首脳会談で外務・防衛担当閣僚会合（2プラス2）の設置が合意されたことであろう。ロシアとの「2プラス2」は、わが国にとってアメリカ、オーストラリアに次ぎ、三番目となる。日本とロシアは安全保障分野で今後さらに信頼関係を強め、アジア太平洋地域情勢とグローバルな問題について共通の利害を見出し、建設的な共同歩調をとっていくことが期待される。

経済面についていえば、日ロ両国の経済、殊にエネルギー分野の受給関係には完全な利害の一致がある。すなわち極東にエネルギー資源の販路を拡大したいロシアと、それを切実に必要とする日本の関係はまさに相互補完的である。エネルギーが一国にとって戦略的重要性をもつことを考えれば、この分野における日ロの相互依存関係の深化は、単に二国間にとどまらない、アジア全体の地域的安定をもたらすことになるだろう。現にロシアは二〇〇六年以降、極東・東シベリア地域の経済をアジア太平洋全体のダイナミックな経済的発展に統合する政策と打ち出し、わが国はそれに応えて翌二〇〇七年六月に「極東・東シベリア地域における日ロ間協力強化に関するイニシアチブ」を提案した。またロシアは、サハリン沖の海底油ガス田から原油・天然ガスを採掘するプロジェクト（サハリン1およびサハリン2）を推進しているが、これには日本の政府と民間企業が協力し、わが国の重要なエネルギー供給を担っている。

二〇一一年三月、わが国を襲った未曾有の東日本大震災と福島第一原発事故は、図らずも日ロ間のエネルギー需給関係に新たなはずみをもたらすことになった。震災直後、ロシア政府は早急に日本支援の陣営を固め、一六一人の救援隊を被災地に派遣し、また救援物資を送ってくれたことを忘れてはなるまい。さらにロシア側は、原発事故で電力不足の危機に直面した日本に対し、液化天然ガス（LNG）の供給増加を提案した。これを機に両国政府は、LNGの供給のみならず、東シベリアのガス田開発や石油・天然ガス採掘プラント新設、輸送用パイプラインの敷設等で協力していくための交渉を加速させている。(8)

現在、日ロ間の経済関係は良好な環境下にあると思われる。今後、エネルギー資源の原子力依存から脱却せざるを得ない日本と、アジアにおけるエネルギー供給を拡大したいロシアとの間には国益の対立は見られない。この互恵的な関係をいかに具体的な施策として打ち出し、それをアジア共同体の構築に向けていけばいいかが今世紀の両国に求められている。

日本はロシアとは北方領土問題、中国とは尖閣諸島問題、韓国とは竹島問題、そしてアメリカとは普天間基地移設問題等の在日米軍基地問題（これも見方によっては領土問題といえる）を抱え、周辺諸国との真に安定した関係を築けずにいる。その上、中国の海軍増強、北朝鮮の核開発、南クリル（北方領土）におけるロシア軍の強化といった具合に、日本周辺が一段と軍事化されている。

二〇一一年、アメリカのオバマ大統領はＡＰＥＣのあとオーストラリアを訪問し、「アジア太平洋地域における米軍の展開と任務を最優先する」ことを明らかにし、在日・在韓米軍の維持とオーストラリアにおける米軍の配備を表明したが、これは中国軍の覇権阻止を企図したものであることは明瞭だろう。それとほぼ同時に、日本の自衛隊も中国に近い九州・沖縄で大規模な軍事演習を行った。

本来、自由経済圏や統一市場の形成は、軍事的対立を軽減させるものだが、アジア太平洋地域では、経済協力の拡大が軍事的対立とリンクしている。これは経済立国として生きようとする日本の国益に反するものだ。この地域から軍事的緊張を取り除くことが日本の国益に合致し、また、そうすることが日本の使命だと考える。現在の日本は、米中の覇権争いに組み込まれ、アメリカの軍事政策の一部を担わされている。日本はいかにこの状況から脱却し、アジア太平洋地域を自由な経済圏とするための役割を果たし得るだろうか。この問題を考える上で重要なのがロシアとの関係である。

すでに述べたように、ロシアもアジア方面における発展に力を注いでいる。その発展計画が日本抜きで、すなわち、ロシア、中国、北朝鮮、韓国の連携強化という形で進むことは日本にとって望ましくはない。その場合、日本は現状通りアメリカとの一体化政策をとらざるを得ず、そうなれば、日本を取り巻く軍事的緊張は高まりこそすれ、減じることはないからである。

むしろ日本は、ロシア、中国、北朝鮮、韓国と北東アジア経済圏を形成することを視野に収めた外交を展開すべきと考える。そしてそれをアジア太平洋地域とリンクさせていくことが有効だろう。そうした政策は日本の経済にとってメリットがあるだけでなく、日本周辺の軍事的緊張を除去する条件ともなろう。

日本周辺の軍事的対立関係を固定化することは、日本の国益に合致しないことを確認する必要がある。わが国を取り巻く軍事的緊張を軽減するために、ロシアを戦略的な経済パートナーとして共通の経済圏を北東アジアに築き、それをアジア共同体の重要な要素として組み込んでいくことが日本外交に求められていると考える。

（河原地英武）

注

（1）*Izveschiya*, October 4, 2011.
（2）外務省欧州局ロシア課監修『ロシア月報』第八三七号。
（3）『ロシア月報』第八四四号。
（4）『産経新聞』二〇一三年四月四日付。
（5）大津定美・松野周治・堀江典生編著『中ロ経済論』ミネルヴァ書房、二〇一〇年、第一章参照。
（6）ロシア大統領府ホームページ、二〇一〇年九月二七日。
（7）日本外務省ホームページ。
（8）東日本大震災後におけるロシアの対日政策については、石郷岡建『ウラジーミル・プーチン——現実主義者の対中・対日戦略』東洋書店、二〇一三年、第一〇章。

第8章 EUとアジア――未だ希薄な関係?

1 変化する国際秩序における二つの巨人

多極時代において、政府間機構としてのEU(欧州連合)と、程度の差はあるが均質のとれた大陸であるアジアは、EUとアジアの関係に影響を与えているいくつかの外的および内的な課題に直面している。一方で、EUは、二つの根本的ではあるが、相反する傾向を経験している。一つ目の傾向は、マーストリヒト条約やリスボン条約の後に、政治的主体としてEUが果たす役割は劇的に拡大しているという事実と関連している。共通統一市場の完成、ユーロの普及、貿易における独特な発信力の強化、そして共通外交政策の形成は、国際関係における強力な主体としてのヨーロッパという認識を高めている。かつて無いほど、地域機構は強力な主体となっている。

ＥＵが経験した二つ目の傾向は、国際システムにおけるパワーの再分配や世界規模の経済危機による、強大な経済的パワーとしての役割の相対的な低下である。興味深いことに、国際的な主体としてのヨーロッパという認識の高まりは、世界的と捉えられるけれども、本質的にはヨーロッパにおける危機である二〇〇八年の財政危機と隣り合っている。アメリカで始まった二〇〇八年のリーマン・ブラザーズ危機は世界規模で影響を与えているが、それによってより影響を受けた地域の一つがヨーロッパである。アイケングリーン（Barry Eichengreen）とオルーク（Kevin Hjortshøj O'Rourke）が指摘したように、これは、資本主義世界に影響を与えている、一九三〇年代以降で最悪の経済危機である。ガレスピー（Paul Gillespie）によると、二〇〇九年のギリシャ危機後の財政危機から公的債務危機への移行は、ユーロ圏の主な弱点の一つを露呈し、ＥＵが経済や貿易における強大なパワーとしての伝統的な役割を果たすことは困難になっている（Christiansen 2013:129）。

それにもかかわらず、ＥＵが果たす役割の低下は実際には経済分野だけに限らない。数年にわたり、規範的なパワーかつ国際関係における「ミドル・パワー」(1)の優等生としての役割を果たした後、グローバル・ガヴァナンスがもつヨーロッパ中心主義的な性質はいくつかの新興国からの挑戦を受けている。国際システムの変容や、中国・インド・ブラジルなどの新興国の台頭は、パワーの分配におけるヨーロッパの立場を犠牲している。(2)ＥＵの「後退」を強調する研究が主張するほどではないが、ヨーロッパやアメリカからアジア太平洋へのパワーの明確な移行は近年顕在化していることである。ＥＵの相対的なパワーの低下は、パワーの分配においてだけでなく、いくつかの国際機構においても確認される。世界銀行や国際通貨基金などの国際機構や、その投票規則は、ＥＵというよりは、いくつかのアジア太平洋諸国を含んだ新興国によって形成されると思われる。

他方で、アジア太平洋は世界で最も活発な地域になっており、最大の挑戦や脅威の発生地である。冷戦後のパワーバランスの再編は間違いなくアジアにとって有利に働いている。これからの国際秩序において、アメリカによる単極であれ、アメリカと中国による二極あるいはいくつかの新興国を含めた多極であれ、アジアは二一世紀の中心的な地域になると思われる。新興国としての中国と、国際的な野心はもつが経済的パワーを減退させている日本は、大西洋中心からアジア太平洋へのパワーバランスの転換を促進する。

驚くことに、世界的な金融危機がアジア地域に対し与えた影響は他の地域と比べて小さい。発展の度合いが異なる国家群がアジアには存在しているにもかかわらず、世界的な危機はヨーロッパほどアジア太平洋には打撃を与えていない。ガレスピーが指摘したように、アジア地域のほとんどの国家は比較的迅速に様々な打撃に対応することができている（Christiansen 2013: 135）。ガレスピーは、アジア諸国は地域レベルではなく国内レベルで危機に対応したと論じる。さらには、ＡＰＥＣ、ＡＳＥＡＮ＋３、チェンマイ・イニシアティブなどの地域もしくは地域間の協力プロジェクトは行き詰まっている一方で、二国間あるいは少数国間の特恵貿易合意（preferential trade agreement）が二〇〇九年以降盛んに締結されている。このようなパラダイムの代表的な事例が環太平洋パートナーシップ（ＴＰＰ）である。

ウォーレイ＝ラック（Alex Warleigh-Lack 2006）が論じているように、もし二つの地域の異なる特徴を理解しようとするのであれば、比較という視点が不可欠である。これまでの議論を踏まえ、ヨーロッパとアジアを比較すると、いくつかの問いが生まれる。つまり、この二つのアクターはいかに近年の不確実な国際システムにおいて相互作用しているのか。相互作用のメカニズムとはどのようなものなのか。両地域の共通の課題における主要な議題とはなにか。以下では、三つの異なる方法でこれらの問題を解明していく。第一のレベル、すなわち国際レベルの分析では、近年の国際システムの状態と、パワーバランスにおけるヨーロッパとアジアの位置づけを描写したい。つぎに、地域間レベルでは、EUとアジアはどのような関係なのか、その関係における主な課題や機会とはなにかについて論じたい。最後に、EUと、アジア地域の主要国である中国や日本との関係を検討する。そして最後にいくつかの結論を示したい。

2 近年の国際システムに関する考察

共産主義ブロックの崩壊後、支配的な西洋様式をもつ新たな国際秩序を想定した研究者もいた（Fukuyama 1989）。短期間の不確実な時代の後、政治的、経済的、そして社会的な構造の収斂が自由主義や民主主義を世界中に拡散すると考えられた。西洋による単極時代の結果として、国際システムの構造は世界中のいかなる重大な紛争をも回避すると想定された。拡大し、驚くべき成功を収めるEUの経験は、制度が重要であったというだけでなく、新たな政治のやり方に貢献しようとするどの地域に対してのモデルでもあるという印象を与えた。我々は、いわゆる「歴史の終焉」とも呼ばれる時代を経験していた。

それにもかかわらず、一九九〇年代末までに、このような描写は変化し始めた。第一に、二〇〇一年九月一一日に起きたテロ攻撃、そして二〇〇八年の金融危機は、単極時代の終わりがきたという考えを前面に押し出した。当初のこのような比較的楽観主義的な時代は、リアリストが、我々は新たな無秩序と動揺の時代である「未来への回帰」（back to the future）に戻っていたと主張する時代に取って変えられた（Mearsheimer 2001）。最初に「文明の衝突」（clash of civilizations）について論じたハンチントン（Samuel Huntington 1996）や、南半球における紛争が近年の国際社会の主な特徴の一つであることを確認したカプラン（Robert Kaplan 2001）は、我々に、世界はリベラリストが主張するほど平和的ではないことを思い起こさせる。

たとえアメリカがパワーの構成要素である四つの変数のうち、少なくとも三つ（軍事力、技術、ソフトパワー）を支配し続けたとしても、九〇年に及ぶ単極時代は過去のことである。二一世紀の国際システムは多極かつ分権的なものになると思われる。単極時代の後、クラウトハマー（Charles Krauthammer 1991）の表現を借りると、いくつかの新興国の台頭、国家とは異なるいくつかのパワーの中心が存在すること、そして経済的相互依存の増大は、相互極時代（interpolarity）を予期する（Grevi 2009）。

冷戦が終焉して以降、新興国の台頭が西洋的な国際システムに影響を及ぼしている。第一に、西洋的ではあるが経済的超大国としての地位を低下させているアジア国家の日本は、国際システムにおける自らの役割を再検討し始め、グローバル・パワーとして行動することを決断している。第二に、経済面のみならず、安全保障面におけるロシアの台頭は、ヨーロッパにおけるパワーバランスの再編に影響を及ぼしている。さらに、ウクライナ危機における役割や中国との連携は、新興国としてのロシアの状況を改善している。それにもかかわらず、世界中の研究者の注目を集めている過程は、新興国として中国が果たす役割である。アメリカのパワーに対抗していることに加え、世界に多くの課題を課していることによって、中国の再登場は世界のパワーバランスにとって最も重要な要因の一つである。経済分野における中国の成功は自らが地域的かつ世界規模の役割を果たすことを可能にし、中国は国際システムのルールを設定する準備ができている。

最後になるが、近年の国際システムに関するここでの最後の基本的概念は、競合のなかった西洋支配時代の後に、我々は「アジアの世紀」に近づいているということである。既に述べたように、二一世紀の新たな経済的・政治的な争いの場はアジア太平洋地域になると思われる（López i Vidal 2013）。アジア開発銀行による最近の報告書によると、中国、日本、韓国、インドネシア、タイが二〇五〇年の世界経済おいて占める割合は四五％に上り、アメリカやヨーロッパの産業国よりも優位になるだろう。簡潔に述べると、アジアは世界の最も中心的なパワーになることが予想される。

3　EUとアジア

一度国際的なレベルに目を向けたのであれば、次は地域レベルに注意を払い、アジアとヨーロッパがいかに相互作用しているのかを確認しなければならない。とはいうものの、その前に、我々は分析対象とする地理的範囲を定義するべきである。地域機構としてのEUは二〇一四年までの過去二〇年間に一二ヵ国から二八ヵ国へと拡大し、西はアイルランド、東はエストニアもしくはギリシャ、南はマルタ、北はフィンランドなどの国々を包含している。

一方で、文化、経済発展の度合い（富裕国、貧困国、発展途上国）、政治体制（民主主義、独裁体制）

などの点におけるアジアの多様性と複雑な現状を考慮すると、アジアをヨーロッパはどう認識しているのだろうか。EUの政策文書である「ヨーロッパとアジア：強化されたパートナーシップのための戦略的枠組み」[3]によると、アジアとは「西はアフガニスタンから東は日本まで、北は中国から南はニュージーランドまで、これに加えてその間に存在する全ての箇所」からなる地域である。アジアに関するこの曖昧な定義に続いて、同文書は地理的にはアジアに属する中央アジアやいくつかのアフリカ・カリブ・太平洋諸国（Africa, Caribbean, Pacific Countries）を除外する。

EUのアジアに対する見解を定義した後は、ヨーロッパにとっていかにアジアは重要なのか、そしてアジアに関与する際のヨーロッパ諸国の主な関心はなにかを、問わなければなるまい。この問題意識に対して、二つの問いから回答を示したい。一つは、アジアとの関係を形づくる主な文書はなにであり、アジアにおけるEUの利益とはなんなのか、という問いである。もう一つは、EUとアジアの議論における主要な議題はなにか、である。

ヨーロッパとアジアは一六世紀以降一定の緊密さを伴う歴史的関係を有しているが、EUの最近の歴史においては、二〇〇一年に欧州委員会が「ヨーロッパとアジア：強化されたパートナーシップのための戦略的枠組み」[4]を承認するまで、その緊密さは見られなかった。同文書において、EUは、アジアにおける自らの政治的・経済的な存在感を高めるために、いくつかの目標を提案した。その目標とは、拡大したEUとますます活発になるアジア太平洋の増大する重要性は、相応であるべきというものである。同文書は、つぎの三つの核心的な観念に基づいている。第一に、ヨーロッパとアジアの経済関係を強化することである。第二に、人権、民主主義、法の支配、グッド・ガヴァナンスなどのヨーロッパ的価値のアジアにおける普及である。最後に、グローバル化によってもたらされる課題に対処するために、アジア諸国と世界規模の連携を構築することである。

評価できるこの文書の背景には、どのような要素があるのだろうか。まずは、ヨーロッパとアジアの地理的・経済的関係を検討しなければならない。アジアに対するヨーロッパ諸国の関心は、明白なバンドワゴン的態度と関連した。EUは、成長と投資に関する数値が地域の急激な経済成長を示しているアジア経済を利用しようとした（López i Vidal 2008）。同時に、アジア諸国は、ヨーロッパ市場へ参入し、ヨーロッパの技術的ノウハウや金融的価値へのアクセスを確立しようとした。換言すると、アジアは「ヨーロッパの要塞」（Fortress Europe）から取り残されることを回避しようとした。

こうした経済的な理由に加えて、アジアに対するヨーロッパの関心は地政学的考慮を含んだ。既出の研究成果において指摘したように、一九八九年のAPEC（アジア太平洋経済協力）の創設を契機として、アメリカは、経済と貿易に関する協力にとって極めて貴重な環太平洋フォーラムに自由に参加することが可能となった（López i Vidal 2008）。EUはそうした関係を特権と捉えており、世界の主要な意思決定の中心から自らが除外されることを危惧した。

アメリカによるこうした行動に対する反応、および国際社会におけるEUの存在感の増大の帰結として、二〇〇一年にEUは初めて政策文書を承認し、二〇〇七年には、欧州理事会がどの地域にも対応する史上初かつ唯一のガイドラインとなる、地域的戦略文書[5]に合意した。地域的戦略文書は、二〇〇七年から二〇一三年までのEUとアジア地域間の協力に関する優先順位を確認し、中でも、EUとアジア地域に対し、協力と、EUを優れた統合モデルとする地域統合を促す。加えて、同文書は、環境、教育、健康に関する政策とノウハウに基づく協力を強調し、最後に、政府開発援助のメカニズムを通じてアジアのデラシネ（uprooted population）を支援することを明言する。

すべての政策文書は安全保障問題に対しあまり注意を払っていないものの、二〇一二年に、欧州理事会は東アジアにおけるEUの外交・安全保障政策ガイドライン[6]を採択している。これは二〇〇七年に採択されたガイドラインを具体的かつ最新の内容に改訂したものである。二〇〇三年のEUの安全保障戦略に基づき、また、リスボン条約によって設定された新たな制度的枠組みを考慮に入れながら、ガイドラインは、北朝鮮の核や弾道ミサイル計画、台湾と中国本土間の台湾海峡を巡る緊張、南シナ海と中国の海域を巡る緊張など、地域安全保障に影響を与える地域のいくつかの国を巻き込んだ問題を解決することがEUの関心事であることから、安定が地域の継続した経済的繁栄のための前提条件であると論じる。たとえEUが南シナ海や尖閣諸島などの問題から直接的な脅威を受けないとしても、暴力の激化は、EUとアジア間の自由な航海と交易に影響を及ぼし、結果として、投資や貿易に関する利益にまでその影響は及ぶと思われる。

4　相互作用のメカニズムと協力の範囲

ヨーロッパとアジアはいかに相互作用するのだろうか。ヨーロッパとアジアは次の四つの主要なレベルで協力する。第一に大陸間レベル（ASEM）、第二に地域間レベル（EUとASEAN、EUとSAARC、そしてEUとARF）、第三に地域機構と国家間レベル（EUと中国、インド、日本、インドネシア、韓国など第三国との関係）、最後に二国間レベル（国家間）である。全てのメカニズムを検討した結果、最も重要で効果的なメカニズムは、地域機構と国家間レベルおよび二国間レベルであると結論づけられる（Barbé 2014）。

キャメロンによると、EUとアジア間の二国間関係はEUとアジア関係の原動力となっており、二〇〇一年以降、EUは五つの戦略的パートナーシップ協定を中国、日本、インドネシア、韓国などのアジア諸国と締結している（Christiansen 2013:35）。EUにとって「戦略的パートナーシップ」は、国際的存在感の向上、経済的利益の保護、諸価値の促進、世界で最も重要なパワーとのバンドワゴンなど、複数の目的を体現している。

EUとアジア間の課題に関しては、政治的・経済的な二つの基本的な柱に沿って区別することができる。政治的問題については、アジア諸国に対応する際に、EUは、とりわけ人権、法の支配、民主化の促進などの分野に関して、その規範的なパワーを拡張している。とはいうものの、キャメロンが指摘したように、人権のような問題は極めて慎重に扱うべき分野である（Christiansen 2013:35）。一方で、EU、より正確に述べるのであれば欧州議会は、規範的なパワーとしてのヨーロッパへのコミットメントを示すための手段として、アジア諸国との関係において人権と民主主義に関する条件づけを公式に主張している（Barbé 2012:96）。もう一方で、アジアから見た場合の新植民地主義的な感情と、提示された「普遍的価値」を受容することに対する嫌悪感により、アジア諸国は深い疑念を感じている。ヨーロッパの機構内、または国家間における統一された主張の欠如や、偽善とダブルスタンダードの適用は、その規範的な政策による成果が極めて限定的なものであるという結論に我々を導いている。

ヨーロッパとアジアとの間にある特別な懸念に関するもう一つの課題は、キャメロンが「グローバル・パートナーシップ」と呼ぶものである。二〇〇一年の政策文書において、ヨーロッパは、国連、

ＷＴＯ（世界貿易機関）、京都議定書などの重要な制度、あるいは大量破壊兵器の拡散防止などのいくつかのレジームにおいて、アジア諸国とグローバル・パートナーシップを構築するべきであると述べられている。アジアとの関係は、世界規模の課題に対処するためだけでなく、西洋中心主義からアジアへと重点が移り変わる中にある国際制度におけるヨーロッパの影響力を維持するためにもまた重要である。成果は限られたものではあったが、二〇〇九年のコペンハーゲン会議、二〇〇八年の金融危機後の国際通貨基金や世界銀行、国連人権理事会、あるいは国際刑事裁判所において、ＥＵはアジア諸国にヨーロッパの規範や基準に従うよう圧力をかけるためのあらゆる機会を探求している。

最後に経済に関する課題は、アジアとヨーロッパの間で共有される課題の内、最も重要なものである。ＥＵの総貿易量の二八％が東アジアとの貿易であると考えると、それは北アメリカとの貿易量（二二・七％）を上回るものである。地域単位で見ると、ＡＳＥＡＮは、ヨーロッパの外では、アメリカと中国に次ぐ第三位に位置するＥＵの貿易相手であるのに対し、ＥＵは、中国と日本に次ぐ第三位に位置するＡＳＥＡＮの貿易相手であり、ＡＳＥＡＮの貿易の一三％を占めている。ＥＵによる直接投資は両地域において重要である。東アジアに対するＥＵの投資は平均して二〇〇九年に全体の約八％を占めた一方で、東アジアからＥＵ加盟国に対する投資は全体の約七％であった。このデータは、輸出入両方の増加と投資の増大を単に示すだけでなく、両地域の経済的相互依存の進展も示している。

今日の状況を鑑みると、経済における主要な課題はなんであろうか。まず、ＥＵとアジア諸国は、自らの市場を未だに保護している主要な障壁を取り除くことに互いに関心をもつ。したがって、ＷＴＯのドーハラウンドにおける関税交渉を再び活性化させるために、ＥＵとアジア諸国は、相互の関心に関する合意の実現と、日本や中国との間に以前から存在する貿易摩擦の解消を試みる。

さらに、ASEAN＋3、APEC、FOCALE（東アジア・ラテンアメリカ協力フォーラム）または近年の環太平洋パートナーシップなど、アジア太平洋地域の経済協定に関する複合的なネットワークは、多くの研究者らをアジアにおける「スパゲッティボウル現象」に関する議論に導いている。いくつかの多国間経済協力協定の停滞や、多くのアジア諸国間に見られる二国間の自由貿易協定による利益の増大が確認される中で、EUは、アジア諸国との負の貿易バランスの修正を目的として、中国、日本、韓国（交渉は終了済み）およびASEANと新たな自由貿易協定に関する交渉を開始している。

5　事例研究——EUと中国：可能性のある関係？

EUと第三諸国との間の二者間関係を測るために、最後の節において、EUと中国、そしてEUと日本という二つの地域機構と国家間関係を簡潔に検討したい。

EUと中国

EUが締結している戦略的パートナーシップのうち最も期待できる一つは、間違いなくEUと中国の間のパートナーシップである。ある日本の国家公務員によると、EUは中国に魅力を感じており、(7)一九九〇年代半ば以降、中国との関係はEUのアジア戦略において極めて重要な位置を占めている。中国は実際に、冷戦後の主要な経済的パワーであるだけでなく、ヨーロッパの最大の貿易相手であり、ヨーロッパからの輸出品の主な市場にもなっている。中国はヨーロッパに製品を売り国債を購入し、ヨーロッパは技術と製品を中国に輸出し中国国内にて低価格で製品を生産する。この経済的相互依存関係を超えて、中国とヨーロッパはグローバルな経済ガヴァナンスと世界規模の経済危機の解決に貢献するという共通の関心をもつ（Christiansen 2013:494）。

中国に関するヨーロッパの関心は、単にその経済的な相互依存に拠るものだけではない。ＥＵと中国は、国際舞台においてより重要な立場になることや、テロリズム、気候変動、貧困などの主要なグローバルな課題に共同で対処することに関心をもつ。それに加えて、ＥＵと中国は、多極や多国間に基づく国際秩序の促進や安全な世界の確保に関心をもつ。ＥＵと中国との間に安全保障上の対立が存在しないことにより、北アフリカ、中東、中央アジアにおける伝統的な安全保障問題や、エネルギー、環境、通信システムなどの非伝統的な安全保障問題に関して、両者が協力する可能性は大いにある。

それにもかかわらず、多くの研究者が指摘したように、ＥＵと中国は互いに「戦略的パートナー」として認識してはいるものの、これまでのところ「戦略的成果」を生み出せていない。一方で、依然として三つの大きな困難がある。第一に、中国への対応に関しては、ＥＵ内部で一貫性が欠如しており、チベット問題、中国に対する武器禁輸措置、人権の侵害などの問題について加盟国とＥＵ機関は共通の立場をとっていない。リスボン条約後、ヨーロッパの外交政策は強化されてはいるものの、中国に対する異なる態度があることで、ヨーロッパにおける対中政策は細分化される。

第二に、ＥＵと中国はグローバル・ガヴァナンスにおいて多国間主義を展開することにコミットしているという事実があるにもかかわらず、グローバル・ガヴァナンスにおける多国間主義は、中国にとってはメカニズムであり、ヨーロッパにとっては目標である。換言すると、ＥＵと中国は、共通の価値観や、多国間主義に基づく世界に関する共通の意味合いを持っていない。最後に、中国からヨーロッパ経済への巨大な機会にも関わらず、二〇〇五年の繊維製品、二〇〇六年の靴製品、二〇一三年の鉄鋼、太陽光パネル、ワインを巡る摩擦は、ＥＵと中国の経済関係における変化を示す。ＥＵと中国の間の経済的補完関係は、二〇〇〇年の八五％から二〇一二年には三五％まで低下しており、このことはヨーロッパと中国が共通の分野において競合し合っていることを明示している。

ＥＵと日本

ＥＵと日本との関係は、完璧なものとなるために必要な全ての要素を備えている。ＥＵと日本は、自由、民主主義、法の支配、人権の尊重などの価値を共有するだけでなく、卓越した経済関係を有し、市場経済と自由貿易を規範とする。加えて、安全保障上の問題が存在しないことで、ＥＵと日本は、多国間レベルにおける平和と安全保障を促進するという同じ考えを共有し、高齢化社会あるいはジェンダーなど、世界的かつ社会的な同様の課題を抱えている。その上、冷戦後、ＥＵと日本の関係を拡大することが、各々の国際関係と安全保障政策を「多様化」するための理に適ったアプローチになっている（Frattolillo 2013）。

それにもかかわらず、ＥＵと日本との関係は、「補完的」、「希薄」、「不活発」、もしくは「不十分」として（Nuttal 1995; Tanaka 2012; Frattolill 2013; López I Vidal 2012）、続いて「期待の欠如」の論理として（Turuoka 2008）特徴づけられている。日本にとって、外交・安全保障の政策分野におけるＥＵは距離がありすぎ弱すぎるため、安全保障面で取るに足らない存在である。換言すると、主要なグローバル・アクターとしてのＥＵに対する日本の期待は欠如しており、安全保障が重大な問題になるときには、依然として日本はアメリカに依存する。一方で、重大な安全保障上の対立の不在や、国際秩序に対する日本による貢献の限界が、インド、中国、あるいは韓国などのアジア地域の他の諸国と比べて、ヨーロッパの日本に対する関心を低下させている。

最後に、ＥＵと日本の間の二国間関係における困難を明らかにするために、アメリカ、日本、ヨーロッパによって形成される三角形を理解しなければならない。ＥＵと日本は、過去に発生したすべての貿易摩擦を解決し、多極世界における同様の価値を共有してはいるけれども、極めて限定的かつ影響力の乏しい軍事力しか持っておらず、結果として、安全保障問題については依然としてアメリカに依存したままである。

以上に分析してきたように、ＥＵは国際システムにおいて認知度や存在感のあるアクターとなっている。地域機構を通して組織された国家集団は、かつてないほど国際システムにおいて決定的な発言力をもつようになっている。ＥＵの特性はしばしば疑問視されるが、その国際的役割はリスボン条約以降拡大している。

その経済力が相対的に低下している時期に、ＥＵは、世界で最も活力のある地域として考えられているアジア太平洋に接近している。その結果の一つとして、ＥＵとアジア太平洋は、以前よりも重要な役割を両地域に対し与える多極時代を経験している。冷戦期には、二極対立の場となり、極めて受動的な役割に追いやられたが、組織としてのＥＵとアジア太平洋諸国は、近年の国際的課題においてより一層積極的で決定的になっている。

一方で、ＥＵにとって、アジアに対する関心は第一にその大きな地理的・経済的な可能性であることを、我々は確認している。バンドワゴン的な方針に基づき、ＥＵは自らの経済にとってきわめて重要な地域として強い関心を抱いている。これまでに指摘したように、金融危機はアジアに対しあまり影響を及ぼしておらず、結果的に、アジアはヨーロッパ経済の回復にとって重要である。

加えて、その地政学的理由から、アジアはヨーロッパにとって重要な地域である。ＥＵとアジアの関係は、国際的な影響力の増大、多国間主義の促進、そして西洋的価値の擁護に役立つ。しかしながら、我々が達した結論の一つは、ＥＵとアジアは、その軍事力の限界やアメリカへの依存により、安全保障分野においては互いに重要視していないということである。

最後に、我々は、アジアにおける最も重要な戦略的パートナーである、中国や日本とＥＵの二国間関係について検討を行った。ヨーロッパにとって、中国は、その経済的関心だけでなく、国際システムにおける中国の役割の増大によって、極めて重要な戦略国である。しかしながら、ヨーロッパと中国の関係に困難なことがないわけではない。様々な貿易摩擦に加えて、中国とＥＵは同様の価値を共有してはいない。中国にとって、人権もしくは民主主義に関する問題を強調することは、その主権に対する許容しえない干渉である。

一方で、ＥＵと日本との関係は、完璧なものとなるために必要な全ての要素を備えている。同様の価値を共有していることに加え、アメリカの主要な同盟国であることで、ＥＵと日本は対立のない成熟したビジネス関係を維持している。しかしながら、「期待の欠如」として説明される、これら二つのアクター間にある無関心な態度が存在していることを、我々は確認した。

注

（1）「ミドル・パワー」概念に関しては、添谷（二〇〇五年）が詳しい。

（2）多国間主義や新興勢力に関するさらなる文献としては、Barbé（2010）がある。

（3）http://ec.europa.eu/development/icenter/repository/strategy_asia_2001_en.pdfを参照（最終閲覧二〇一四年七月一四日）。

（4）http://ec.europa.eu/development/icenter/repository/strategy_asia_2001_en.pdfを参照（最終閲覧二〇一四年七月一六日）。

（5）http://ec.europa.eu/europeaid/where/asia/regionalcooperation/documents/rsp_0713_en.pdfを参照（最終閲覧二〇一四年七月三一日）。

（6）http://eeas.europa.eu/asia/docs/guidelines_eu_foreign_sec_pol_east_asia_en.pdfを参照（最終閲覧二〇一四年八月一日）。

（7）二〇一四年三月に東京で行ったインタビューに基づく。

参考文献

Barbé, E. 2010. “Multilateralismo: adaptación a un mundo con potencias emergentes”. *REDI*, vol LXII, 2.

Barbé, E. 2012. “La UE frente a la emergencia de un mundo posoccidental: en busca del prestigio perdido. *Revista CIDOB d’Afers Internacionals*, n° 100, pp. 91-112.

Barbé, E. (ed.). 2014. *La Unión Europea en las Relaciones Internacionales*. Madrid: Editorial Ariel.

Christiansen, Th. *et. al*. 2013. *The Palgrave Handbook of EU-Asia Relations*. New York: Palgrave Macmillan.

Eichengreen, B. and O'Rourke, L. 2012. "A tale of two depressions redux",*VoxEU.org*, visited April 2014.

Frattolillo, O. 2013. *Diplomacy in Japan-EU Relations: From the Cold War to the Post-Bipolar Era*. New York: Routledge.

Fukuyama, F. 1989 (Summer) "The End of History?", *The National Interest*.

Grevi, G. 2013. "The EU Strategic Partnerships: Process and Purposes", in Teló, M. and Ponjaert, F. (eds.), *The EU's Foreign Policy. What Kind of Power and and Diplomatic Action*. Ashgate: Farnham, pp. 159-174.

Huntington, S. P. 1996. *The Clash of Civilizations and the Remaking of World Order*, New York: Simon & Schuster.

Kaplan, R. D. 2001. *The Coming Anarchy: Shattering the Dreams of the Post Cold War*. Vintage.

Krauthammer, Ch. 1990/1991."The Unipolar Moment". *Foreign Affairs*, Vol. 70, No. 1, pp. 23-33.

López i Vidal, Ll. 2012. "Contemporary political relations between Europe and Japan: beyond the weak link approach" 坂本千代編『ヨーロッパにおける多民族共存とEU――言語、文化、ジェンダーをめぐって――および日欧関係の歴史・文化・政治』神戸大学大学院国際文化学研究科異文化研究交流センター、二〇一二年、九九―一〇九頁。

López i Vidal, Ll. 2013. "Power Transition Periods and the Rise of China", *Catalan International View*, nº 15, pp. 56-59.

Mearsheimer, J. 2001. *The Tragedy of Great Power Politics*. New York: W. W. Norton.

Nuttal, S. (1995), "The Reluctant Partnership: A Tragicomedy in Three Acts and an Epilogue, Perhaps Telling How Japan and Europe Failed to Find Each Other and Risk Losing the World", in *Euro-Japanese Relations in Respective Regional Developments, 1975-1995, The JCIE Papers* 19, 169-194.

Reiterer, M. 2006. "Japan and the European Union: Shared Foreign Policy Interests!". *Asia Europe Journal*, 4 (3), 333-346.

Tsuruoka, M. 2008. "Expectations Deficit in EU-Japan Relations: Why the Relationship Cannot Flourish?", *Current Policies and Economic of Asia* 17 (1), 107-126.

Warleigh-Lack, A. 2006. "Towards a Conceptual Framework for Regionalisation: Bridging New Regionalism and Integration Theory", *Review of International Political Economy* 13 (5), pp. 750-771.

Yeo, L. H., & López i Vidal, Ll. 2008. "Regionalism and Interregionalism in the ASEM Context. Current Dynamics and Theoretical Approaches". *Documentos CIDOB Asia*, (23), 1-76.

添谷芳秀『日本の「ミドルパワー」外交』筑摩書房、二〇〇五年。

（ユク・ロペスビダル）

池内梨紗・佐藤良輔訳

第3部　アジア共同体への視角

第9章　歴史・思想からみるアジア共同体

多くの学者が指摘するように、国際制度においては「自然な地域（natural regions）」というものが存在しない。[1] つまり、国際政治の主体としての地域は自然発生的に成り立っているわけではなく、むしろ人為的に形成させられるものである。より正確にいうと、国際制度の様々なアクターの作為によるものである。

ＥＵの例を取り上げてみよう。ＥＵについて論じる際に、その地域の空間的な範囲はＥＵを定義付ける一種の暗黙の仮説になるであろう。ところが、その仮説の内容は決まっているわけではない。現在のＥＵの境界は地中海南部からヨーロッパ北部まで及んでいて、スウェーデンやキプロス島のような国々が欧州連合の一部だと考えられるのは今や当たり前であるが、欧州経済共同体が設立された一九五七年当時は必ずしもそうではなかった。欧州経済共同体／欧州連合の機関および政策担当者と国際制度の様々なアクターの為政の結果として、ヨーロッパという地域は現在の形をとるようになったのである。このような地域統合は、自然でも自発的でもなく、むしろ、様々な要因によって形成され進展した。その中でも、歴史的事情と思想は大きく影響を及ぼしたといえるだろう。

ＥＵに関する以上の考察は、世界の他の地域にも当てはめることができると考えられる。東アジアに関しては、この地域はヨーロッパと同じように「自然」に成立したというより、「構成された」地域だといえるだろう。本章では、歴史と思想という視点からアジア共同体の課題を考える。頁の数に限りがあるので、アジア共同体構想に至る東アジア地域統合の進展全体を取り上げるのではなく、特定の例に的を絞って、検討を行うことにする。

1 なぜ「歴史」か

歴史家のマルク・ブロックが論じた通り、「現在」というのは「自明」ではない。(2) つまり、過去を棚上げにして、現在の事情を把握してみても、うまく出来事の意味は読み取れないだろう。今行われている現象を理解するために、過去はかけがえのない手がかりになる。東アジア地域統合を取り上げる際にも、歴史はより重要な存在になると主張できるだろう。第一に、東アジアは固定されたで地域も切り離された地域でもない。東アジアは昔から他の地域と、政治・経済・文化交流といった相互作用を行うことによって今の形をとるようになった。長い世紀にわたるこの過程が、現在にまで及ぶ遺産となったのである。それゆえ、東アジア地域統合を理解するには、カミッレーリがいう「進展的アプローチ（evolutionary approach）」は特に有効になるだろう。(3) 東アジアの進展を検討することによって、地域統合の成功および失敗と歴史の流れを関連させながら、東アジア共同体の可能性を長期持続の視点から考察することができるだろう。第二に、地域統合は物理的な要因のみならず、規範とも深く関わる現象だ。諸国が特定の規範を共有するまでに相当の年月がかかるから、東アジア地域における規範の役割の分析にも「歴史」が欠かせない道具になるだろう。

さて、歴史という視点の重要性を明確した上で、もう一つの問題を取り上げなければならない。地域としての東アジアの進展を検討するには、一体どこから始めればよいのであろうか。統合とは「複数部分から一つの全体を、つまりもともと分離していた諸単位を一つの一貫したシステムの構成物に転換すること」[4]と理解すれば、朝貢体制の時代まで遡り、そこから東アジア・リージョナリズムの検討を始めるのが妥当ではないだろうか。言うまでもなく、ここで前近代の東アジアと現在の東アジアが直接に結ばれているという単純理論を支持するつもりはない。東アジア地域の進展が断絶は多くて、複雑な歩みであったから、簡単に割りすぎた歴史的位置付けは受け入れられないだろう。しかしながらそれを認めたとしても、朝貢体制が地域としてのアジアの形成に大きく影響を及ぼしたことは否定できないだろう。前近代の中国が藩国との間に形成した宗属関係に基づく朝貢体制は、中国を中心とした階層的な性格をもちながら、政治・貿易・文化の領域において、地域諸国との間にある程度の相互依存関係を構築したのである。その点において朝貢体制が分離していた東アジアの諸国を一つの一貫したシステムにさせたといえるだろう。

アヘン戦争での清朝の敗北によって朝貢体制が解体されて、いわゆる「中国百年恥」が始まった。一九三一年の満州事変では、地域の勢力均衡が激変し、日本覇権を中心とした新秩序樹立の基礎が成立した。日本の侵略政策に基づいたこれまでの地域秩序がなくなった一九四五年は、東アジアが新しい始まりを迎えた。終戦の結果として平和で安定的な秩序を作るのは可能になったが、様々な面において一九四五年は多望のスタートではなかったといえるだろう。地域内の国家関係を阻む要因がいくつかあり、その中でも冷戦構造と「ハブ・アンド・スポーク（hub and spokes）」という仕組みは決定的であった。まず、冷戦構造についていうと、東アジア地域に大きなインパクトを与えた三つの事件が挙げられる。一つ目はソ連初の原爆実験である。一九四九年八月に行われたこの事件は、アメリカにアジア地域戦略の根本的な変化を迫り促し、共産主義勢力の拡大を防ぐ封じ込め政策の強化に至った。その後の中華人民共和国の建国（一九四九年一〇月）と朝鮮戦争の勃発（一九五〇年六月）の結果として、アジアにおける冷戦対立がさらに高まった。このような状況の中で自由・資本主義陣営のアジアの諸国と社会主義陣営のアジア諸国との関係が断絶され、地域内の二極化が強化された。

東アジアにおける国家間の関係を大きく阻んできたもう一つの要因は「ハブ・アンド・スポーク」という体制であった。一九五〇年前半にアメリカが構築したこの同盟システムは、名前通り「ハブ」と「スポーク」から構成されている。ハブ（hub）というのは車輪の中心的な部分で、具体的にアメリカのことを指す。一方、スポーク（spokes）というのは、外周部分を支えているリムと、車輪の中心にあるハブをつなぐ部材で、言い換えれば、東アジアの諸国とアメリカを結びつける安全・貿易上の絆である。基本的にパイプの役割を果たしてきたのは、一九五一年以降に結ばれた米比相互防衛条約（一九五一年八月調印）、太平洋安全保障条約（一九五一年九月調印）、日米安全保障条約（一九五一年九月調印）、米韓相互防衛条約（一九五三年一〇月一日調印）、米華相互防衛条約（一九五四年一二月二日調印）である。このように構成されている「ハブ・アンド・スポーク」は、多国間より、二国間関係の方を優先する仕組みだった。より正確に言うと、中心であるアメリカと外周部分であるアジア諸国との個別関係を重視するものであった。このことが、資本主義陣営内の交流を著しく途切らせる要因になってしまった。

このような複雑な背景にもかかわらず、その後ＡＳＥＡＮのような地域統合を目指す発議が登場した（一九六七年設置）。本書第4章「ＡＳＥＡＮとアジア共同体」は東南アジア諸国連合の事例を取り上げているので、ＡＳＥＡＮに関する限りそちらを参照していただきたいが、この場ではＡＳＥＡＮの設置を可能にした歴史的な事情の分析に的を絞るものとする。その事情の中で、おそらく東南アジア諸国連合の設立に決定的だったのは脱植民地化だろう。とりわけ、マレーシアの独立は（一九五七年）、東南アジアの勢力均衡に大きいな影響を与えた。イギリスの植民地統治の終焉は、隣国のインドネシアにとって潜在的脅威となりうる状況を生み出し、それは紛争に至る安全保障のジレンマの原因になった。Konfrontasi と呼ばれたこの武力と外交上の衝突は一九六三年から一九六六年にかけて続いたが、両国間の親善回復は東南アジア諸国連合の設立を阻止する障害をなくしてくれた。地域内の安全保障に関する諸国の懸念は、脱植民地化過程の所産であるとともに、ＡＳＥＡＮ設置への刺激ともなった。自らの力の限界を認識していた東南アジア諸国がＡＳＥＡＮを通して共産主義の勢力に対抗しながら、自国の安全を高めようと意図したのである。

同じように、その後一九八〇年代における東アジアのリージョナリズムの発展においても歴史的事情が強く影響を及ぼしたといえるだろう。一九八〇年代は世界経済インテグレーションの推進と地域協力の動きという一見相矛盾する二つの流れによって特徴づけられる時代であった。[5] 一九八六年に世界貿易上の障壁をなくし、貿易の自由化や多角的貿易の促進を目指す通商交渉ウルグアイ・ラウンドが開始されて同時期に世界の各地域においてリージョナリズムを振興する様々なイニシアティブが登場した。北アメリカでは、一九九四年の北米自由貿易協定（NAFTA）の前提である米加自由貿易協定が結ばれた（一九八九年一月）。ヨーロッパでは、一九九二年までにEU連合を発足するための行程表を紹介する欧州理事会のサミットが開催された（一九八五年六月）。東アジアでは、一九八五年プラザ合意と「東アジアの奇跡」の影響の下で地域統合が進んだ。その背景には、一九八九年のアジア太平洋経済協力（APEC）設立があり、翌年のマレーシアのマハティール首相による東アジア経済協議会（EAEC）構想の提唱があった。ASEAN諸国、中国、韓国、日本などアジア諸国によるEAECの経済協力圏は、排他的経済ブロックの台頭を懸念するアメリカの反対などによって設立されなかったが、後に述べるように、東アジアの地域統合をめぐる議論においては重要な役割を果たした。

一九九七年にはアジア通貨危機が起こり、東アジア諸国経済が景気後退に見舞われた。東アジアのような経済的依存関係が深い環境の中では、経済危機を克服するために域内の協力が不可欠だった。そこで東アジア諸国間の協力の場になったのは、金融危機同年の一二月に設置されたASEAN＋3（APT）である。ASEANの一〇ヵ国に日本、中国、韓国に加わるこの枠組みは、社会、安全保障等の広い分野における協力関係と共に域内の経済連帯の深化に取り組み、第一回東アジア首脳会議の開催に至る過程を可能にした。この場でサミット開催までの経緯を振り返る余裕がないが、強調したいのは、以上の事例と同じようにこの東アジア統合の新しい段階も歴史的事情に左右されたということだ。ASEAN＋3の台頭から第一回東アジアサミットの間にわずか八年しか経っていないが、この比較的短い時間の経過からは、グローバル化による経済的依存関係の深まりと二〇〇七年の世界経済危機がいかに地域化のタイミングと議題に影響を及ぼしたかがわかるだろう。

2　なぜ「思想」か

なぜならば、東アジアのリージョナリズムの経緯を分析するには、思想が欠かせない手がかりになる。東アジア地域構想は常に地域統合に対する一種の見解の表れである。東アジアの地理的範囲はどのように理解するべきであろうか。東アジアの地域統合はどのような形をとるべきであろうか。今までの東アジア地域の歩みをみるとわかるように、この質問に対する答えは、決まっている訳ではない。前項で検討してきたＡＳＥＡＮの事例をみてみよう。ＡＳＥＡＮは、東南アジアを軸にした、制度化が緩い統合形態を体現する仕組みといえるだろう。「アセアン・ウェー（ASEAN way）」と呼ばれる東南アジア諸国連合の独特なアプローチは、統治権の重視と議題による連立作りを中心とした行動様式から特徴づけられている。一方は、東アジア経済協議会構想とアジア太平洋経済協力は、それぞれ地域統合に対する異質の見解の所産として位置づけられるだろう。前者は、東アジアを中心とした、太平洋を排除するリージョナリズム型の試みであったが、後者は、アメリカを不可欠の地域アクターとして見なすアジア太平洋の経済圏を中心とするリージョナリズム型として発展してきた。

さて、東アジアサミットと東アジア共同体のあり方を「思想」という視点から考えれば、いかがだろうか。共同体の将来の構想および展望は、今までどのように理解されてきたのだろうか。東アジアサミットの発展に大きく貢献してきた有識者フォーラムである「東アジア・ビジョングループ（East Asia Vision Group）」の二〇〇一年の報告書においては、アジア共同体に関するビジョンは次のように描かれている。

「諸国家からなる地域（region nations）から、集団的努力が平和、繁栄、進歩のためになされる真の地域共同体（regional community）へ移行する。貿易、投資、金融を含む経済の領域には、共同体形成過程における触媒の役割が期待される」[6]。

このビジョンを実現するためには、包含性、国際原理の尊重、地域に基づいた考え方、漸進的な制度化などの指導原理が重要になる。二〇一二年のEAVGの報告書は、二〇〇一年版と基本的に変わらない将来の構想を提案するものであるが、指導原理についてより詳細な指摘を提供している。同報告書によると、将来の共同体は、国際連合の憲章と東南アジア友好協力条約（TAC）、国際法の基本原理の尊重、独立、統治権、平等、国家と領土保全に対する相互尊重、相互理解、責任、信頼、友情、同意と相談原理に基づいた協力の実現をその指導原理としている。また、ASEAN重要性の重視、東アジア地域統合を目指す開かれた、透明かつ非排他的な交渉過程の実現、APT、東アジアサミット、アセアン地域フォーラム（ARF）、アジア太平洋経済協力、ASEMの補足的かつ補強的な役割の認識などの指導原理を重んじるべきであるとしている[7]。

以上簡潔にまとめたビジョンは、ある程度東アジアサミット加盟国の視点が含まれているものの、必ずしも全てが各メンバーの立場と一致するとは限らない。APT設置以来の地域統合の歩みを検討してみるとわかるように、共同体の展望に関する加盟国の立場はばらばらである。まさに、「Same bed, different dreams」（同床異夢）という比喩を表すような状態である。アジアという「同床」にいる諸国は、「異夢」をみている。言い換えれば、将来の共同体に対する異なるビジョンを抱いているのである。例えば、ASEAN＋3を中心とした共同体構想を支持してきた中国は、APTのメンバーシップを共同体のドライバーにすることを通して東アジアにおける自国の影響力最大化を目指していたと推測される。同じように、ASEAN＋6を軸にした共同体論を唱えた日本は、「＋6」、つまり中国・韓国・日本に加わるオーストラリア、ニュージランド、インドにこだわりながら、中国を牽制する意図をもっていたと考えられる。[8] 一方、アメリカとロシアも、それなりの「夢」を抱きながら、二〇一〇年に東アジアサミットに加わった。環太平洋を中心とした地理的かつ政治的な領域の一部としてアジア地域を理解するアメリカにとっては、多角的貿易の推進は戦略的な優先事項であるが、ロシアは数年前から極東地域の戦略的な価値を認識し始めて、二〇一二年にウラジオストックで行われたAPEC首脳会議においては、東アジアに対するロシア外交の関心を強く表した。

以上の検討からわかるように、東アジア地域の進展は〈思想〉と〈歴史〉という視点なしではうまく把握できない。まず思想についていうと、今まで分析してきたように、アジア共同体構想をめぐる各国の立場はそれぞれの国益と無縁でない。様々な地域統合の構想の背景には、異なる戦略的なビジョンがあるため、地域構想は、統合化のキープレーヤーとの利害衝突、意見の相違、力の非対称性の所産だといえるだろう。最終的に将来の共同体の構想をめぐる議論は、「ASEAN＋何？」という質問を中心題目とする。それは一方で、この質問こそ地域化の過程における中心がASEANであることを表している。先述したように、東南アジア諸国連合は一種の地域型統合を体現するのみならず、一九九四年設置されたアセアン地域フォーラム、一九九七年台頭したAPT、二〇〇五年に発足した東アジアサミットの欠かせない基礎である。その他方で、「ASEAN＋何？」という問いは東アジア概念の問題性と思想的な包含を反映するものといえるだろう。

東アジアの歩みにおける歴史的事情の役割は無視できないだろう。先述した通り、地域統合は〈空間〉の中で行われたわけではなく、むしろ歴史の中に展開されて、歴史によって左右されたのである。より正確にいうと、特定の歴史的条件は一種の戦略的制約として働いて、統合への刺激になったのである。新しい課題に直面した東アジアの諸アクターは、それまでの地域政策を見直し、国家間システムの設置に導く道を歩むようになったのである。例を挙げると、東南アジアにおける非植民地化は、以前は存在しなかった戦略的な環境を整えて、ASEANの設置へのバネになった。同じように、アジア太平洋経済協力の設置の前提は、東アジアにおける経済的依存関係の深まりであったが、それは当然ながら一九八〇年代の世界および地域の歴史潮流と無縁ではなかった。また、すでに強調した通り、アジア通貨危機は東アジア諸国の経済に影響を与えたのみならず、APTの設置に至る未曾有の地域内協調への刺激になった。

全体的に、歴史と思想から見た今までの東アジア統合の進展の検討は、地域内協調の可能性がどの程度まで権力闘争と歴史の流れに根ざした束縛によるものなのかを示している。アジア共同体の課題を考える際、これらの歴史の戒めを忘れるべきではないだろう。

注

（1） Van Langenhove, Luk, *Building regions: the regionalization of world order*, Ashgate, 2011, p. 54; Pempel, T.J. (ed.) *Remapping East Asia. The Construction of a Region*, New York: Cornell University Press, 2005, p. 25.

（2）Bloch, Marc, *Apologia della storia o mestiere di storico*, Torino: Einaudi, pp. 50-7.

（3）Camilleri, Joseph A., *Regionalism in the New Asia-Pacific Order. The Political Economy of the Asia-Pacific Region*, Volume II, Cheltenham (UK) - Northampton (Usa): Edward Elgar, 2003, p. 2.

（4）Deutsch, Karl. W., *The Analysis of International Relations*, 3rd Edition, Prentice-Hall, 1988, p. 212. この点について、本書序章「地域統合の現在」を参考のこと。

（5）田中明彦『アジアの中の日本』ＮＴＴ出版、二〇〇七年、一〇〇頁。

（6）EAVG, The East Asia Vision Group Report 2001, *Towards an East Asia Community. Region of Peace, Prosperity, Progress*, 2001, p. 2.

（7）EAVGII, *Report of the East Asia Vision group II*, 2012, p. 6.

（8）Terada Takashi, "The origins of ASEAN+6 and Japan's initiatives: China's rise and the agent-structure analysis", *The Pacific Review*, Vol. 23 No. 1 March 2010, pp. 71-92.

（ノエミ・ランナ）

第10章　国際政治経済からみる「東アジア共同体」

本章は、国際政治経済論（International Political Economy, or IPE）の視点から「東アジア共同体」構築に向けての動きを考察する。IPEは、一言でいえば国家（政治）と国際市場（経済）の関係を説明しようとする学問分野であるといえ、ここでのテーマである地域経済協力・統合をめぐる政治プロセスもまたその研究対象に含まれる。東アジア[1]は、地域内の経済的相互依存と実質的な統合のプロセスであるリージョナリゼーション（regionalization）が進展する一方で、国家・地域間の政治的・文化的統合、すなわちリージョナリズム（regionalism）が未発達な地域であるといえる。しかし、その東アジアでも一九九七年のアジア通貨危機以降、地域協力・統合に向けての動きが活発化している。本章の目的は、東アジア統合に向けての政治プロセスを理解するための分析枠組みを提示することである。

ここでは、まずリアリズム（Realism）、リベラリズム（Liberalism）、コンストラクティヴィズム

（Constructivism）というＩＰＥの三つの見方（perspectives）を紹介し、本章の認識枠組みを提示する。続いて「東アジア共同体」をめぐる政治プロセスを概観するとともに、そのなかで重要な位置を占める大国の戦略とＡＳＥＡＮの役割について論じる。最後に、再びＩＰＥの三つの見方に立ち返り、東アジア地域統合の政治プロセスとの関連性を論じる。

1　ＩＰＥの三つの見方

まず、第二次世界大戦後から今日に至るまで一貫して東アジア国際関係の主要な分析枠組みであり続けてきたのがリアリズムである。リアリズムの見方によれば、国際関係における最も重要なアクターは国家である。また、国際社会は国内社会とは異なり、国家の上に立ち法を執行する中央政府が存在しないため、常にアナーキーな状態（無政府状態）にある。そのため、国家にとって最も重要な国益は自国の生存と安全である。また、各国家は常に自国のパワーの最大化を追求するため、国際関係はパワーをめぐる国家間の競争として現れる。国際秩序は、国家間の勢力均衡（balance of power）の産物であり、そのために国家間の同盟や軍拡が行われる。一九八〇年代に優勢になったネオリアリズムには、国際システムの構造（＝勢力均衡）が国家アクターの行動を規定することを強調する立場[2]や、圧倒的な軍事・経済力を背景に国際秩序と自由市場の安定を保障する覇権国家の存在によって国際社会の安定と繁栄が保たれるとする「覇権安定論」[3]などがある。一般にリアリズムの立場では、国家は自国の国益に適う場合のみ、国際制度やルール作りに積極的に参加すると考えられている。

表10—1　IPEの3つの見方

	リアリズム	リベラリズム	コンストラクティヴィズム
主なアクター	国　家	国家、多国籍企業、国際機関、NGO	国家、トランスナショナルな知識共同体、道徳事業家
国際社会のイメージ	アナーキー、パワーをめぐる国家間の競争	・協調と共存 ・アナーキー（ネオリベラリズム）	多様なアクターが相互行為と社会化を通じて規範、アイデンティティを共有化
目　的	安全保障、パワーの最大化	国際協調、世界平和	相互行為と共通の規範を通じた共同体構築
秩序の源泉	勢力均衡、覇権安定	・国際協調、国際法 ・相互依存、レジーム、民主主義（ネオリベラリズム）	共通の規範と集合的アイデンティティ
主な相互行為の形態	軍事的・経済的なパワーに裏付けされた戦略的相互行為	相互依存、機能的制度化	原則的理念や制度を通じた社会化

（出典）Amitav Acharya, "Theoretical Perspectives on International Relations in Asia," in David Shambaugh and Michael Yahuda, eds., *International Relations of Asia*, Lanham, MD: Rowman and Littlefield, 2008, pp. 57-82, at 59; 吉川直人・野口和彦（編）『国際関係理論』勁草書房、2006年、18頁から筆者作成。

次に、伝統的な国際政治学ではリアリズムの対照をなす立場とされてきたのがリベラリズムである。性悪説的な世界観に立つリアリズムに対して、リベラリズムは、各国家は平和と繁栄という共通の利益のために互いに協力して制度作り、ルール作りを行うことが可能であるとする。実際に、国際社会には国際法や規範、国際機関などのルールや制度が存在する。また、とくに近年では、国家以外にも多国籍企業、国際機関、NGOなどの役割の重要性が増しているし、問題領域でも軍事・安全保障だけでなく、貿易、環境問題なども重要である。一九八〇年代に登場したネオリベラリズムは、アナーキーの概念や国家を一元的アクターとみなすリアリストの前提を受け入れた。そのうえで、国家間には複雑な相互依存関係が形成され、各国はこれを壊すことをコストと考えるようになるため、協調が促されるとした「相互依存論」[4]や、国際協調は国際レジーム（規範、決定、ルール、手続き）というかたちで制度化され、レジームの維持は参加する国々とって共通の利益となるため、覇権国家なしでも秩序が維持されるとした「国際レジーム論」[5]が生まれた。さらに、ヨーロッパ統合の理論である「新機能主義」や「社会交流論」もまた、リベラリズムの系譜に位置づけることができる。

最後に、コンストラクティヴィズムは、冷戦終結後の一九九〇年代に登場した比較的新しい国際関係の見方である。リアリズムとリベラリズムがともに、国際関係は国益やパワーなど客観的・物質的な力によって構成されているとの前提に立つのに対し、コンストラクティヴィズムは、国際関係を共通の理念や規範によって構成される社会的構築物（social construction）とみなす。これらの理念や規範は、国際協調の場におけるアクター間の相互行為と「社会化」（socialization）を通じて「間主観的」（intersubjective）に構築される。[6]この見方によれば、国益やアイデンティティもまた間主観的な概念とされるため、各国は国際協調を通じてそれらを調和・適合させていくことも可能である。このため、コンストラクティヴィズムは、共同での理念、規範形成を通じた共同体構築のプロセスをとくに重視する傾向がある。

以上のIPEの三つの見方を、東アジア共同体構築の視点からまとめると以下のようになる。リアリズムは、アナーキー、勢力均衡といった「構造」が国際関係を規定すると考え、国際秩序は国家間の勢力均衡によって形成・維持されると考えるのに対し、リベラリズムは、国際制度を通じた協調によって各国家の利益を調整し、平和と繁栄を創造・維持することが可能であるとする。一方、コンストラクティヴィズムは、国家の国益やアイデンティティを所与のものとせず、国際協調・制度を通じて「間主観的」に構築されるとする。したがって、地域共同体構築については、リアリズムはそれを国家間の勢力均衡の産物とみなすのに対し、リベラリズムは合理主義的な利益調整の観点から、またコンストラクティヴィズムは規範やアイデンティティの共有化の観点から共同体構築を重視する傾向がある。次に、これらの見方を念頭に置きながら、実際に東アジア共同体をめぐる政治プロセスを概観してみよう。

2　「東アジア共同体」の政治プロセス

一九九七年の「アジア通貨危機」は、東アジア・リージョナリズムの大きな転換点であった。同年七月のタイのバーツ危機から始まった経済危機は、インドネシア、マレーシアなど東南アジア諸国のみならず、韓国など東アジア全域へと波及し、それまで地政学的に分断していた東アジアが地域協力・統合に向かうきっかけとなった。経済危機の最中の一二月、ASEAN、日本、中国、韓国の首脳が東アジアの地域協力について非公式に協議するASEAN＋3（ASEAN一〇ヵ国と日本、中国、韓国）が誕生した。その背景には、経済危機が東アジア全域に及んだことで地域内に一体感が醸成されたことや、[7]経済危機へのアメリカとIMF（国際通貨基金）の対応に対する東アジア諸国の不信と失望感があったといわれる。ASEAN＋3はその後、通貨・金融協力から貿易・投資・経済援助などの分野へと地域内協力の制度・組織を急速に拡大していった。

アジア通貨危機がリージョナリズムの急速な発展と結び付いた背景には、ASEANの存在があった。ＡＳＥＡＮは、一九六七年の発足以来、東南アジア地域内の緊張緩和と安定に寄与してきたが、一九八〇年代後半から一九九〇年代初めにかけてのカンボジア和平プロセスでの役割から国際的信用を高め、一九九四年にはすでにアジア太平洋地域の多国間安全保障対話の枠組みであるＡＳＥＡＮ地域フォーラム（ＡＲＦ）の創設に主導的役割を演じていた。ＡＳＥＡＮは、コンセンサス重視の意思決定、内政不干渉などの理念を旨とする「ＡＳＥＡＮ方式」（ASEAN Way）を基礎として、東アジア・リージョナリズムの醸成を主導していった。

東アジア・リージョナリズムを進展させたもう一つの要因は、中国の新たな外交戦略であった。一九九七年アジア通貨危機とほぼ同じ頃、中国は二国間主義、大国重視から多国間主義、地域協力重視へと外交方針の転換を図った。(8) これにより、中国はそれまで距離を置いてきたＡＳＥＡＮを中心とする周辺諸国との多国間協力に積極的に関与し始めた。

中国がアジア、ＡＳＥＡＮ重視の外交方針に転じたことに促され、日本と韓国もまた互いに競い合うようなかたちで経済、「非伝統的安全保障問題」、「戦略的パートナーシップ」などの分野での地域協力を急速に拡大させていった。このような東アジア・リージョナリズムの高まりは、二〇〇五年一二月にクアラルンプールで開催された第一回東アジアサミット（ＥＡＳ）でピークを迎えた。また同時に行われた第九回ＡＳＥＡＮ＋3サミットでは、ＡＳＥＡＮ＋3が「東アジア共同体を達成するための主要な手段である」ことが確認された。

この東アジア・リージョナリズムの急速な高まりは、ＡＳＥＡＮを中心に日本、中国、韓国が互いに影響し合うかたちで、矛盾をはらみながら進展していったといえる。特に第一回ＥＡＳの参加国をめぐり、ＡＳＥＡＮ＋3（ＡＳＥＡＮ一〇ヵ国と日本、中国、韓国）を主張する中国と、それらにオーストラリア、ニュージーランド、インドを加えたASEAN+6を主張する日本との間で駆け引きが行われたことはよく知られている。この背景には、ASEAN+3をEAS、そして来るべき「東アジア共同体」の土台としたい中国と、中国の影響力拡大への警戒心とアメリカへの配慮を滲ませる日本との対立があったといわれる。

このように矛盾をはらみながらも拡大してきた東アジア・リージョナリズムの流れを大きく変化させたのが、二〇〇八年の世界金融危機とアメリカの東アジア重視政策への転換であった。二〇〇一年の同時多発テロ事件以来、G・W・ブッシュ政権は「対テロ戦争」を優先し、中東・西アジアに重点を置く政策を採り続け、東アジアでの「アメリカ不在」状況を生み出した。一方で、ブッシュ政権の減税と戦費拡大による財政赤字の拡大は二〇〇八年の世界金融危機の原因となった。

世界金融危機後の世界同時不況の最中に誕生したオバマ政権は、「対テロ戦争」から経済・雇用重視へ、中東・西アジアから東アジア重視へと外交政策の転換を図った。オバマ政権は、東アジア重視政策の一環として、従来アメリカが距離を置いてきた東アジアの多国間地域協力への関与を打ち出した。オバマ政権は、発足当初から輸出促進と雇用創出を目的として「環太平洋パートナーシップ」(TPP)を推進する立場を明らかにしていたが、二〇一一年には「アジア基軸戦略」(Asia pivot strategy)を発表し、東アジアへの関与を深めた。

一方、二〇一〇年には中国がGDP総量で世界第二位となり、同時にその軍備増強や海洋進出が周辺国の懸念を引き起した。中国との間に領有権問題を抱えるベトナム、日本は、それぞれ二〇一〇年、二〇一三年からTPP交渉に参加しているが、その背景には中国の影響力拡大や安全保障上の懸念からアメリカを東アジアに繋ぎ止めたいとの思惑があった。一方、中国は、TPPをアメリカによる中国「封

じ込め」政策の一環とみなすようになり、不信感を強めた。(9)

このように大国の思惑が錯綜するなか、二〇一二年にＡＳＥＡＮは再びイニシアティブを発揮し、中国が推進していたＡＳＥＡＮ＋３と日本が主張するＡＳＥＡＮ＋６の枠組みを統合するかたちで「東アジア地域包括的経済提携」（ＲＣＥＰ）の交渉をスタートさせた。

3　大国の戦略

次に、東アジア（またはアジア太平洋）地域統合をめぐる大国の思惑と戦略を探ってみよう。まずアメリカであるが、一九九七年のアジア通貨危機をきっかけとして東アジアではリージョナリズムが台頭し、ＡＳＥＡＮ＋３、東アジアサミット（ＥＡＳ）(10)などアメリカ抜きの地域枠組みが形成されていった。二〇〇一年の同時多発テロとのその後のイラク戦争でのブッシュ政権の単独行動主義は、ＡＳＥＡＮ、中国など地域の主要なアクターが地域協力を加速させる結果をもたらした。このようななか、二〇〇九年一月に誕生したオバマ政権は、同年七月にＴＡＣ（東南アジア友好協力条約）に加入したのを皮切りに、一一月にはＴＰＰ、ＥＡＳへの参加を表明した。そして、先にも触れたように、二〇一一年には「アジア基軸戦略」を表明し、続いて軍事面でもアメリカの優位の回復を目指す「アジアへのリバランス」(rebalancing to Asia) 政策を打ち出した。

では、このオバマ政権による急激な「アジア回帰」の背景には何があったのか。アメリカの戦略的意図のなかには、成長著しい東アジアにおいてアメリカを排除したかたちでの地域統合を阻止し、経済協力・統合の制度化を主導したいとの思惑があった。具体的には、アメリカはＴＰＰを足がかりとして「アジア太平洋自由貿易圏」（ＦＴＡＡＰ）を形成し、将来的には「ＡＰＥＣ（アジア太平洋経済協力）共同体」の構築につなげることを意図しているといわれる。[11]

国内に目を向けると、二〇〇八年世界金融危機の原因にもなった、アメリカの大幅な経常収支赤字が問題となっていた。アメリカの経常収支赤字の主な原因は、ブッシュ政権による減税と軍事費の増大、住宅バブルによる家計の過剰消費にあったが、それを東アジア、とくに中国が対米輸出から得たドルを米国債の購入に充てるかたちで支えていた。オバマ大統領は、二〇一〇年一月の一般教書演説で経常収支赤字の削減と雇用創出のために「国家輸出倍増計画」を打ち出したが、アメリカのＴＰＰ戦略は、他ならぬこのアメリカの経常収支赤字とその原因となっている東アジアとくに中国の経常収支黒字との間の「グローバル・インバランス」の是正と、輸出拡大による雇用の創出という文脈のなかで理解すべきである。[12]

一方、地域大国として急速に影響力を増しつつある中国の戦略はどのように変化してきたのであろうか。すでに触れたように、中国は、一九九〇年代後半にそれまでの二国間主義、大国重視から多国間主義、地域協力重視へと対外戦略を転換した。その綱領ともいうべきものが一九九七年に明らかにされた「新安全保障観」である。「新安全保障観」とは、軍備増強や軍事同盟ではなく、内政不干渉、対話による紛争解決、平等な協議の原則に基づく「協調的安全保障」であるとされる。中国は、この新戦略を基に、地域安全保障制度の構築にイニシアティブを発揮することを目指しているといわれる。[13]

具体的には、中国の周辺地域との経済・安全保障協力は上海協力機構（ＳＣＯ）とＡＳＥＡＮ・Ａ

RFを通じて推進された。(14)前者は一九九六年に中国と国境を接する旧ソ連諸国（ロシア、カザフスタン、キルギス、タジキスタン）との間で結ばれた安全保障協定としてスタートし、二〇〇一年にウズベキスタンを加え「上海協力機構」として正式に発足した。当初は国境を接する国家間の信頼醸成、軍事力削減を目的とする二者間の協定としての性格が強かったが、次第にテロリズム、分離主義、宗教的ラディカリズムへの対応、さらにはミサイル防衛システムなどアメリカの影響力拡大への対抗という側面が強調されるようになり、多国間の安全保障制度へと発展した。

一方、中国がASEAN・ARFを戦略的に重視しだしたのは二〇〇〇年末頃からで、自らを「地域大国」と位置づけるようになったことに関連している。この後中国は、「東アジアにアジア戦略の重点を絞り、ASEAN・ARF基軸に外交を展開するという基本戦略が固まった」。(15)中国は、二〇〇二年に日本、韓国に先立ってASEANとの包括的自由貿易協定（FTA）を締結し、また二〇〇三年には、主権・領土保全の相互尊重、内政不干渉、紛争の平和的解決、武力による威嚇・行使の放棄など、東南アジアの政治・安全保障協力の原則を定めた東南アジア友好協力条約（TAC）に域外国として初めて署名した。

一方、中国は、ARFに一九九四年の設立当初から参加し、とくに一九九七年からは「新安全保障観」の提唱を通じて、地域秩序の構築にイニシアティブを発揮する場として重視してきた。しかし、その一方で、中国は地域安全保障メカニズムとしてのARFのさらなる制度化、すなわち信頼醸成から予防外交への移行には消極的である伝えられる。これは、中国が主導権を握る上海協力機構とは異なり、ARFでは中国はアメリカ、日本、ロシア、インド、オーストラリアなどとともにASEANが招待した国の一つに過ぎず、限られた影響力しかもつことができないためであるとされる。(16)中国は、自らが主導権を発揮できない場で制定されたルールに縛られるのを避けたいのであろう。このように、中国には経済・安全保障の両面において、地域協力の制度化を積極的にリードしたいという思惑が看て取れる。

次に、日本の戦略はどのようなものであろうか。日本の政官財学の主流をなす考え方は、日本は日米同盟を前提とし、経済の機能的協力を促進することを通じて、自由、民主、人権、法の支配などの価値をベースとした開かれた「東アジア共同体」の構築を目指すというものである。[17] また、その他日本国内には、中国の影響拡大への懸念から「東アジア共同体」に反対する立場や、[18] 逆に日米同盟重視を見直し、東アジアとくに中国との協力関係を促進することにより、「東アジア共同体」形成を目指すべきという考え方がある。[19]

4　ＡＳＥＡＮ方式の可能性

インドネシア、マレーシア、タイ、シンガポール、フィリピンの五ヵ国によって一九六七年に結成されたＡＳＥＡＮは、ポスト植民地国家が抱える内外の深刻な課題と東西冷戦構造に規定された厳しい国際環境のなか、内戦や地域内国家間の紛争、大国の軍事介入など数々の風雪に耐えてきた。[20] また、メンバー国は人口・国土の規模、民族構成、社会文化的伝統、植民地経験、政治体制などにおいてきわめて多様であった。このため、ＡＳＥＡＮは文化的・政治的均質性を基礎としてリージョナリズムを醸成することができず、メンバー国間の相互行為を通じて、新たな規範とアイデンティティを構築

していかなければならなかった。㉑

このように複雑な地域諸国間の関係と国際環境のなかで、ASEANはいわば「小国の知恵」として、「ASEAN方式」と呼ばれる緩やかな地域協力のメカニズムを発展させてきた。「ASEAN方式」は、①内政不干渉、②武力の不使用と紛争の平和的解決、③地域自治と集合的自助、④多国間軍事同盟の回避、というより普遍的なレベルでの「法的・合理的規範」と、⑤協議、⑥コンセンサス、⑦インフォーマリティ、という地域特有の「社会的・文化的規範」から構成される（表10—2）。㉒「ASEAN方式」は、これまでASEAN地域内の紛争の緩和や予防に重要な役割を演じてきた。また、ASEANのイニシアティブによって一九九四年に開始されたARFは、アジア太平洋地域における政治・安全保障分野を対象とする対話フォーラムであるが、これにも緩やかでインフォーマルな協議という「ASEAN方式」の長所が生かされている。

しかし、一九九七年のアジア通貨危機は、グローバルな金融市場の影響に対するASEANの無力さを浮き彫りにした。それ以後、ASEANは独自のアイデンティティと結束力を維持しながら、日本、中国、韓国とそれぞれFTAを結ぶなど、東アジア経済協力の促進に中核的な役割を果たしている。また、二〇〇五年に「ASEAN＋6」の枠組みで発足した東アジア

表10—2　「ASEAN方式」の規範

法的・合理的規範
・内政不干渉 ・武力の不使用と紛争の平和的解決 ・地域自治と集合的自助 ・多国間軍事同盟の回避
社会的・文化的規範
・インフォーマリティ ・協　議 ・コンセンサス

（出典）Amitav Acharya, *Constructing a Security Community in Southeast Asia: ASEAN and the Problem of Regional Order*, 2nd ed., London: Routledge, 2009, Chapter 2から筆者作成。

サミット、二〇一二年に開始されたRCEPでも、ASEANは主導権を発揮している。

理念の面からみると、中国の「新安全保障観」が「ASEAN方式」に類似していることを指摘できる。[23]これは、中国がASEANを軸とする地域協力重視へと政策転換するにあたり、戦略的にASEANの理念に歩調を合わせたと考えられる。しかし逆にいえば、地域大国である中国の外交戦略・理念に、比較的小さな国の集まりであるASEANの理念が影響を与えたとみることも可能であろう。また、ASEANは主権・領土の相互保全、内政不干渉、紛争の平和的解決、武力による威嚇・行使の放棄などを定めた「東南アジア友好協力条約」（TAC）への署名を通じて、中国、インド、日本、ロシア、アメリカなど周辺大国をASEANの規範へと取り込んでいる。このような取り組みが、実際にどの程度地域秩序の構築に効力をもつのかについては、議論の余地があるであろう。しかし、「ASEAN方式」を通じて大国を社会化のプロセスへと取り込もうとするASEANの試みには、注目すべきものがある。

5　再びIPEの三つの見方

さて、以上のような東アジアにおける地域統合への動きは、IPEの認識枠組みからどのように捉えることができるのであろうか。まず指摘できることは、東アジア地域統合に向けてのさまざまな動きの背景には、大国間のパワー・ポリティクスが存在する。アメリカ、中国といった（超）大国は、リアリスト的観点から地域協力のルール作り、制度化の主導権を握ろうとしている。アメリカの「アジアへのリバランス」政策は、経済・外交・軍事を含むアメリカの総合国力・資源のアジアへの再配分を意味するが、それをリアリスト的文脈から「勢力の再均衡」と捉え、中国の影響力拡大に対抗するものとみる向きも少なくない。その「リバランス」政策のなかで、TPPは中心的な位置づけを与えられている。オバマ政権の国家安全保障担当大統領補佐官を務めたトム・ドニロンによれば、「リバランス」政策は、軍事力のみならず「アメリカの国力の全要素を結合させた包括的な取り組み」であり、そのなかでTPPは「経済的リバランスの目玉」と位置づけられる。[24] また、ある保守派の論客によれば、TPPは「将来のグローバル経済の……ルールを制定する」ものであり、「戦後グローバル貿易のルール制定に主要な役割を果たしてきたアメリカにとって、将来のルール制定権ほど重要なものはない」。[25] このように、TPPは「自由で、公平で、透明度の高い、開かれたルール作り、制度作りを提唱する……米国におけるリベラル・リアリズムの伝統を継承したものと考えた方がよい」。[26] アメリカが主導するリベラルなルール作りの背景には、リアリズム的戦略が存在するといえる。

一方、中国には、このアメリカ主導による「アジア太平洋」地域秩序の構築への動きに対抗して、経済・安全保障の両面から「東アジア」地域秩序の構築を主導したいという思惑が窺える。中国は、地域経済協力のルール作りから取り残されるとの懸念からTPPへの交渉参加を水面下で検討していると伝えられるが、依然としてRCEPや日中韓FTAなど東アジア枠組みの経済統合をより積極的に推進している。また、二〇一五年に入り、中国はアジアインフラ投資銀行（AIIB）設立への動きや、中韓FTAの調印など、地域経済の主導権をめぐり攻勢を強めている。

安全保障面では、すでにみたように中国はASEAN主導の地域安全保障対話の場であるARFのさらなる制度化には消極的である。また、中国は、二〇〇二年にASEAN諸国との間で合意した南シナ海問題の平和的解決のための「南シナ海行動宣言」を、法的拘束力のある「南シナ海行動規範」へと格上げすることにも、今のところ応じていない。中国は依然として、このような多国間安全保障制度を主に国益の観点から捉えているように見受けられる。[27] このように、大国の戦略と行動をみるかぎり、東アジアにおける地域協力・統合への動きは、依然としてリアリズムのリベラリズムに対する優位によって特徴付けられているといえる。

しかし一方で、「小国」の集まりであるASEANが、アメリカ、中国、日本などの超大国、大国のなかで、ARF、ASEAN＋3、東アジアサミットなど冷戦後の東アジア地域秩序の構築にイニシアティブを発揮してきたことも事実である。これは、パワーの分布を重視するリアリストの分析枠組みでは説明できず、アクター間の相互行為を通じた理念や規範、アイデンティティの構築プロセスに焦点を当てた分析アプローチが必要となる。

そもそも「ASEAN方式」とは、ASEAN諸国が冷戦構造のなかで大国の介入から自らの自律性を確保し、分断を避けるための努力のなかから生まれたものである。その経験からASEANは、冷戦終結後再び大国の勢力争いの場となることを避けるために、自らの共通理念を掲げ地域協力・統合のイニシアティブを採ろうとしている。ASEANがリアリズム的な大国の論理に取り込まれるのではなく、メンバー各国が一致協力して大国を自らの規範、ルールのなかに取り込もうというのである。大国間のパワー・ポリティクスだけでなく、このようなアクター間の相互行為を通じた国益、アイデンティティの再定義のプロセスにも注目する必要がある。

注

（1）ここで「東アジア」とは、東南アジアを含む広義の東アジアを意味する。
（2）Kenneth N. Waltz, *Theory of International Politics*, New York: McGraw-Hill, 1979.
（3）Robert Gilpin, *The Political Economy of International Relations*, Princeton: Princeton University Press, 1987.
（4）Robert O. Keohane and Joseph S. Nye, Jr., *Power and Interdependence: World Politics in Transition*, Boston: Little, Brown, 1977.
（5）Stephen D. Krasner, ed., *International Regimes*, Ithaca: Cornell University Press, 1983.
（6）Alexander E. Wendt, *Social Theory of International Politics*, Cambridge: Cambridge University Press, 1999.
（7）西口清勝・夏剛「まえがき」西口清勝・夏剛編著『東アジア共同体の構築』ミネルヴァ書房、二〇〇六年、ii頁。
（8）毛里和子「『東アジア共同体』と中国の地域外交」山本武彦編『地域主義の国際比較――アジア太平洋・ヨーロッパ・西半球を中心にして』早稲田大学出版部、二〇〇五年、六五―八二頁。
（9）中国のＴＰＰに対する態度は一枚岩ではない。最近では、中国国内にもＴＰＰが今後グローバル経済のルール形成を主導していくとの認識から、中国もこれに積極的に関与すべきとの立場も存在する。
（10）その後、アメリカは二〇一一年にロシアとともにＥＡＳに加入した。
（11）西口清勝「『東アジア共同体』か『ＡＰＥＣ共同体』か――アジア太平洋地域における地域協力と日本の進路」『立命館經濟學』第六〇巻第三号、二〇一一年九月、三五九―三八二頁。
（12）同上。
（13）毛里、前掲論文、高原明生「中国の新安全保障観と地域政策」五十嵐暁郎・佐々木寛・高原明生編『東

アジア安全保障の新展開』明石書店、二〇〇五年、一九二―二一五頁。
(14) 毛里、前掲論文。
(15) 同上、七三頁。
(16) 高木誠一郎「アジアの地域安全保障制度化と中国――一九九〇年代～二〇〇七年」、山本吉宣・羽場久美子・押村高編著『国際政治から考える東アジア共同体』ミネルヴァ書房、二〇一二年、一七七―一九五頁。
(17) 西口清勝「第1章　東アジア共同体の構築と日本の戦略」西口・夏、前掲書、三―四一頁。
(18) 渡辺利夫『新脱亜論』文春新書、二〇〇八年。
(19) 谷口誠『東アジア共同体――経済統合のゆくえと日本』岩波新書、二〇〇四年。
(20) 主なものとして、ベトナム戦争（一九五九―一九七五年）、一九六〇年代後半に先鋭化したマレーシアとフィリピンの間のサバ紛争、カンボジア内戦（一九七〇―一九九一年）とベトナムのカンボジア侵攻（一九七八年）、中越戦争（一九七九年）などがある。
(21) Amitav Acharya, *Constructing a Security Community in Southeast Asia: ASEAN and the Problem of Regional Order*, 2nd ed., London: Routledge, 2009, p. 54.
(22) *Ibid.*, chapter 2.
(23) 同時に、これらの理念と、中国が一九五四年の中印協定以来長年にわたり外交の基本原則としてきた「平和五原則」（領土・主権の相互尊重、相互不可侵、内政不干渉、平等互恵、平和共存）との類似性も指摘されなければならない。加えて、国連憲章や一九五五年バンドン会議の「平和十原則」からの影響もまた明らかである。
(24) Tom Donilon, "Obama Is on the Right Course with the Pivot to Asia," *The Washington Post*, April 20, 2014.

（25）Bernard K. Gordon, "Bring China Into TPP: Beijing's Participation in the Landmark Asian Trade Talks Would Be Good for America," *The National Interest*, April 11, 2014. http://nationalinterest.org/commentary/bring-china-tpp-10227?page=2（accessed May 19, 2014）.

（26）白石隆、ハウ・カロライン『中国は東アジアをどう変えるか――21世紀の新地域システム』中公新書、二〇一二年、三〇頁。

（27）高木、前掲論文、一九四頁。

（谷川真一）

第11章 安全保障からみるアジア共同体

安全保障の観点からアジア共同体を考えることはできるだろうか。共同体（コミュニティ）という概念は、アジア諸国間で共有される利害意識、および運命共同体という認識を含んでいる（ここではこれ以上の定義はしない）。安全保障の観点から見ても、議論となる共同体が存続するということは、その共同体のメンバーや市民たちには安全が保障されるはずである。このことは、安全保障分野での脅威や協力の程度においても、同様の見解があると考えられる。

国際関係論の観点から見ると、二つの疑問が浮上してくる。一つ目は安全保障とは何か、もう一つが共同体とは何かという疑問である。

1　安全保障における定義

（1）安全保障共同体の定義

ウォルファーズによると、「客観的な見解において安全保障とは、手に入れた価値に脅威がないこと、主観的な見解においては、そういった価値が他から攻撃される恐れがないことである」。[1]

ブザンによると、安全保障とは「脅威からの自由の追求であり、敵と見なされる変化の強要に対抗して独立を維持し、その機能を保全できる国家や社会の能力に関わる」。[2] この場合、修正主義国家が問題となる。それは他国に対して挑戦的な国家であり、集団安全保障体制の一員になろうとせず、他国との協力関係を持ちたがらない国家のことである。

また彼は以下のように付け加えている。「安全保障の本質は生き残ることであるが、現状でその主題の含む事柄はかなり幅がある。この幅によって、（緊急行動を発動して武力行使を含む例外的な手段に訴えるのに十分と認知される脅威である）『安全保障』ラベルが緊急に値することが失われ、日常生活の不確かさの一部分となってしまうところが、この概念の難解さの一つである」。

正確にいうと、これらの定義から更なる疑問が浮かぶ。この要求や保護の主体は誰になるのか。国家はどんな種類の脅威から（軍事的なものかそうでないものか）自身を守るのだろうか。

安全保障の意味とは？

『市民、国家、恐怖』（*People, States & Fear*）の中で、バリー・ブザンは安全保障の概念を多様に色分けしている。[3] 彼は「レベル」―ウォルツから引き継いだアプローチ（これは構造理論の考えで、個人、国家、国際システムの観点から分析されたもの）―と「セクター」（他国との関係や活動―軍事、政治、経済、社会といったものが当てはまる―における特定のタイプを通した体制の観点から見たもの）を区別して考える。国家安全保障は個人、国家、国際システムの分野にまで及び、すべての要素（単に政治的、軍事的だけではない）は統合され、その一因としての役割を担っている。セクターはある問題を解決するのに、自己分析ではなくて、違う角度から対処できるような視点を与えるのに役に立っている。

『市民、国家、恐怖』の中で、安全保障はいまだに物質主義的方法で解決されている（ネオリアリストたちによって）とある。さらに『安全保障：新たな枠組み』（*Security, A New Framework for Analysis*）で、オーレ・ウィーヴァーによってなされた言説が及ぼす影響についての研究が、その点をさらに掘り下げている。ウィーヴァーは、安全保障問題をラベリングする際に、言葉による表現がどれくらいの役割を担っているのか、言説がどれほど安全保障の考えを形成するのかを示している。「中国の脅威」について書かれた多くの日本語書籍が、一九九〇年代に出版された。この時期は中国が経済発展を遂げ、軍事力も一新した時期であったが、未だに開発途上国で、先進国になるには十分ではない。また日本で「拉致問題」が政治問題化した年でもある。こうして言説が認識を作ってきたといえる（中国の脅威における議論は、今日でも主要課題である）。

当初ブザンは、セクターより関連性のあるレベルを考え、そしてその主要な「対象物」を国家とした。しかしながらレベル間やレベル内で相互関係が増していくことを考慮に入れると、一つのレベルやセクターから安全保障の問題を完全に解決できるとは、もはや思えない。安全保障という現象—例えばテロリズムや抑止、国家を「安全保障複合体」のメンバーとして活動させたり、「安全保障レジーム」の創設へ向かわせたりする共通の利益など—は、それぞれのレベルまたはレベル間において、その起源と動態についてのグローバルな観点なしで理解するのは難しい。さらに安全保障は軍事的、経済的、社会的、環境における問題も抱えていて、それは単独で理解されうるものではない。例えばエネルギー問題は、軍事も経済も社会も、環境問題も含んでいる。[4]

保護を求めるのは誰か?

リアリストによると、国家は国際関係の主要アクターであり、彼らは生き残りをかけている。バリー・ブザンは、すべての規範の創造者—地方自治体、個人、ＮＧＯ、国際機関がそうでありうる—は、安全保障分野において一定程度の関連があるとしている。というのも経済、軍事、環境といった分野を伴っているからである。[5] 地域《リージョン》は特に重要である。[6]

自己防衛とそこから生じる「安全保障のジレンマ」

ウォルツによると、それぞれの国家は自身の身を守るために軍事力を高めている。[7] 自己防衛は国家の合理的行動である。リアリストたちは、国家が協力をすることはあり得るが、それは国家にとって最善の利益を得ることはできないし、協力関係に乗り気でもないと認識する。[8]

しかし、国家Ａが国家Ｂに脅威を感じると、国家Ａは攻撃を予測し、これを抑止して対処できることの確信を得るために軍事力を増強させる。すると国家Bは脅威を感じ、国家Aの意図を疑ってしまう。互いの脅威が引き金となって、ハーバート・バターフィールドが「ホッブズの恐怖」と呼ぶ事態を引き起こす。ジョン・ハーツはこれを「安全保障のジレンマ」と呼んだ。このジレンマはある国家が他国の脅威に対して、よく考えずに行動を起こすことで生じてしまう。アナーキー（無政府）という国際システムの本質が原因である。国家Aにとってそのジレンマが生じるのは、防衛装備―国家Aの安全保障を高めるというより、むしろ低めてしまうような―に金をつぎ込むか否かという決定次第である。

同様にブザンは権力と安全保障のジレンマについて書いている。「アナーキーな状況では、国家は自国の管理は自身で行い、富や政治的、社会的価値観がきちんと続いていくかどうかを確かめている。自身を管理できない国家は、良くて権力低下の恐れがあり、悪くすると独立できない、もしくは国家存続の危機に直面する恐れがある。このような他国との危険な紛争を阻止するために手段を講じるには、統制されていない環境下においては、互いを押しのけて進むしかないのであり、やはり自国の優位性を追求してしまう。こういった構造的な義務感が権力と安全保障のジレンマの核心であり、アナーキー状態における安全保障問題の鍵となってくる。権力と安全保障の追求は、国家の望む権力と安全保障を簡単に脅威にさらすことができるのである」。(9)

広義の安全保障理解から生じる防衛のジレンマ

リアリストたちが唱えた、安全保障に対する伝統的な狭義のアプローチから離れて、「リアリスト・リベラル」としてブザンが唱えたのは、防衛を拡大することが安全保障とイコールにはならない、ということである。ここで強調する「ジレンマ」[10]とは、「軍事的防衛と国家の安全保障問題との間に生じる矛盾から出てきたものなのだ。軍事力は国家安全保障のための必要性によって正当化され、そのため、軍事力が国家安全保障と積極的に結び付けられるという想定は適切であるとみなされる」。しかしながら、防衛と安全保障は正反対の行為を命じるかもしれない。なぜなら防衛費が膨らんでくると、客観性がなくなったり、想定した危機よりも大きな危険に防衛政策が晒される可能性を含んでいたりするからである。防衛のジレンマは、例えば、政府のアジェンダのなかで防衛政策が開発政策より優位に立つときに生じてくる。

国家は安全保障に関連するセクター——広義で理解される——においても、同様の困難に直面する。例えば経済セクターにおいては、国際社会に門戸を開き競争に晒されるか、あるいは産業が傾くか、といった選択をしなければならない。つまり産業は国際化と開放プロセスのなかで自ら効率を上げ、競争力を高めていくこととなる。社会的分野では、自身を中心に据えるか世界とオープンに付き合うかといった、自国中心主義とコスモポリタニズムの二者択一となる。開放したからといって、障害を含んでいるかもしれないが。

密接な関係を築くには国家が共通利益を共有すること

国家は共通の脅威に直面したとき、利益を共有し調和関係を進んで築くという内容を含む条約や、同盟協定に署名するかもしれない。もしくはある国家と同盟関係となったときに受ける脅威を考えるかもしれない（集団的安全保障）。ＮＡＴＯ（北大西洋条約機構）は二八ヵ国のメンバーから成っている。同盟は軍事的な意味合いにおいて、安全保障と関係してくる。

あるいは国家は、経済的または軍事的な目的で共同体を形成することもある。共同体は価値観の共有、様々な環境での会合、相互互恵を求めるようになる。[11] 統合に様々なレベルがあることは想定されることで、安全保障に対し異なるアプローチを用いることも考えられうることである。高いレベルでの統合についてはEUが挙げられる。EUの行う共通農業政策は、食糧生産における他国への依存を失くすため、国際競争や価格戦争から農家を守るために一番良い方法であると考えられている。また、土を肥沃にすること、食糧に関してEUの設けた基準を適用することが約束されている。食糧に関しては、例えば肉にホルモン剤を使用しているのかとか、どこで飼育されていたのかといった過去にさかのぼる形で食品の確認が行われる。すべてこのような構成要素が、経済、社会、環境—安心をもたらすすべての要素—のアプローチに反映されていると考えられている。

安全保障における地域アプローチ

安全保障共同体の概念は、カール・ドイッチュ、シドニー・バレル、ロバート・カンら[12]によって研究された。安全保障共同体とは、ある目的において統合した国家のグループのことで、その目的とは互いに戦わないこと、そして非暴力的な手段によって問題を討論するという約束を確実なものとすることである。

安全保障共同体は、次のように区別される。

①合併された安全保障共同体。これはまだ自治権を持つ構成体で、共通の政府が存在する（例えば一八世紀のアメリカ）。

②多元的安全保障共同体。アメリカやカナダといった関係を指し、共通の政府は持たないが、簡単に手が届く存在で関係を保持できる。

③合併された安全保障の非共同体（独立戦争中のアメリカ、一九一四年のオーストリア＝ハンガリー帝国）。

④多元的安全保障の非共同体（冷戦中のアメリカとソビエト連邦。二国による支配力があった時期であり、それ以前よりも安定していた）。

ブザンはまた圧力が地域レベルにとって重要であるとしている。というのも国家レベルとシステム・レベルとでは本質も論理も異なってくるからである。彼のいう「地域的安全保障複合体」は、ドイッチュらが提唱し極《ポラリティ》の理論から距離を置いている安全保障共同体とは異なる。極の理論では、システムにおける大国の数がその安定にとって本質的に重要な変数となる。「地域的安全保障複合体は、安全保障上の優先課題が十分な緊密さを持って相互に関わっており、現実に国家安全保障を互いに切り離して考えることができないと考える国家のグループとして定義される」。[13] 一般的に言って、同じ安全保障複合体に属する国家は、同じ方法で脅威を認識する。地域的安全保障複合体の存在は、すぐに明確化するわけではない。国家間関係のパターンは、権力配分よりも（境界線問題、民族問題、イデオロギーもしくは歴史的な問題など）様々な争点から生じ、[14] 安全保障と安全保障問題化《セキュリタイゼーション》に様々なセクターにまたがるアプローチを受け入れると、いっそう生じやすくなる。実際、同じような事実が、文脈に応じて経済問題あるいは軍事問題を内包していると分類されるだろう。国家Aの政府が、経済問題なのかあるいは軍事問題であるとの判断を下すのかは、国家Bとの関係をどう理解するかで決まってくる。例えばトルコが下したシリアに影響を及ぼす決定は、水の供給に関するものであるが、EUにとって「安全保障問題」として分類される。一方で、チェコに影響を及ぼすポーランドの一部に対する同じような決定は、経済問題とされる。[15] いずれにしても、「相互に結びついた一連の安全保障の関心」[16]はこうして認識されていくのである。

こうしたことから、協力と統合は切り離せないものなのかもしれない。実際、諸国家がひとたび共同体を形成したら、彼らが行動を共にするべきかどうか、特に全会一致とは対照的な多数決ルールを用いるかどうかという問題は、未だに解決されないままである。

(2) 協力と統合の概念

理論的アプローチ

古典的リベラルの考えでは、ある国家によって追求された利益というのは、最終的に協力関係にある国家全体の利益となる。リアリストにとっては、国家というのは時に協力関係を築くが、その関係は脆い。国家と国家の関係は他国に欺かれる懸念を孕んでいる一方で、必ず自身にとって得をするという保証はないが、協力関係も求めている。他国が協力関係において、自国よりも多くの利益を得るかもしれないことに恐れをなし、このことが長期的協力関係を妨げているといえる。

ネオリアリストもネオリベラリストも、「アクターが持つ、他国の現状や将来をうまく利用する能力を減退させるように導いてしまうかもしれないという、明らかなパラドクスを抱えている」。[17]

ネオリアリストたちにとって、「効用＝Aの絶対利益－Bの絶対利益」である。この数値は、Aが

Bの利益に対して持つ敏感性《センシティビティ》の高さを反映する協力関係係数に応じて小さくなる。この効用は、AとBが戦争をするか、（ドイッチュらが定義する）安全保障共同体のメンバーになるか、もしくは共通の敵を持つかにかかっており、また資源を自分の利益にできる程度、関連する争点分野、国家の大きさや性質も関わってくる（もしAとBが共通の敵を持ち、また他の争点で密接に関わると、Aが相対的な減益を甘受する、あるいは以前より低くなっても状況が改善されるならば、効用は上がることになる）。[18]

ネオリベラリストは「実現されていない、もしくは可能性のある協力関係」[19]をより重視している。彼らにとって国家の利益というのは絶対的であり相対的ではなく、自らが保有する制度は、透明性と安全をもたらすものである。もし他国家の反応がどのようなものかを予測し確信できるものであるなら、協力関係を結ぶことは可能だろう。国際機構や国際レジームが、そのような未来の行動を予測する助けとなる。[20]これはジョン・フォン・ノイマンとオスカー・モルゲンシュテルンの提唱したゲーム理論[21]に基づいた考え方で、ネオリベラリストたちの考えの礎である。この理論はトーマス・シェリングによって国際関係に応用された。[22]

しかしながらロバート・ジャービス（リアリストとして、安全保障に対して狭義のアプローチを展開した）は、国際レジームは安全保障の分野では機能しないことを示唆している。[23]例えば国連安全保障理事会では、二〇〇三年のイラク介入と二〇一三年のシリア介入において意見が分かれてしまった。二〇〇二年には、アメリカがミサイル防衛システム改善のために、弾道弾迎撃ミサイル制限条約（一九七二年）を非難した。

さらに透明性の欠如は、実際には協力を促進させるかもしれないのである。統合が初めの段階から次の段階へ行き組織が自立すると、「スピルオーバー・プロセス」（エルンスト・ハース）が進行する。このプロセスにおいて、「政策決定者は限られた協力（一つの分野における協力）を行うことに努めるが、彼らの採択した政策は、法律分野、インセンティブ、利益戦略、ついにはより多くの統合を先導する忠誠心という分野にまで波及していく」。つまり制度というものは「自律的に、創設者たちが予見したよりも多くの国家を束ねるだけでなく、何が可能で望ましいかという信念をも変えたのである。その結果、制度は、想起してきた利益を形にしてきたのである」。[24] こうした組織は、権力や自治を獲得し、組織内部の論理と自らが生み出す影響力を発揮し、アクターの未来への洞察が限定されているときに有効なものとなる。こうして、統合は国家の期待をこえて進行することが可能になる。

統合プロセス

地域統合は第二次世界大戦後に出てきたプロセスであり、締結する力の強弱に関係なく、国家同士が協力関係を築くための共通の機関を立ち上げることを決定し、多くの分野（貿易、生産セクター、輸送、サービス、人や資本の流通など）において、その機関を通して彼らの政策を調整するときに出来上がるプロセスである。その目標は相互関係を促進し、交易を深め、経済力を強めて、平和関係を維持し、最終的には互いの利益促進を図ることである。

同時期に、（GATTとWTOを通じて）国際貿易が自由化され、協力関係の枠組みが作られたのである（例えば国連、NATO、欧州安全保障協力機構、IMF、世界銀行）。

統合には、以下のように様々なレベルが存在する。

①国際法人格を持たない連合体……自身でそれぞれ統治をするが、共同で物事を進めるときは全員の賛成が必要になる（国際連盟、国際連合、アメリカ分離独立戦争における南部諸州）。
②自由貿易連合……関税をかけないことで商品、品物の流通を促進させる。
③関税同盟……関税をかけなかったり、地域外へは共通の関税率をかけたりする協定。
④共同市場……超国家的機関の設置の実現に向けた共通政策を行っている（例えばメルコスール）。
⑤国家連合……それぞれの国家に主権は残したままであるが、権限の多くは超国家レベルに委ねられている。
⑥連邦国家（アメリカ合衆国、ドイツ連邦共和国、スイス連邦）……二つのレベルの政府（地方政府、中央政府）から成る国家で、各政府が権力をシェアしている。連邦国家はそれ自体が主権を有していて（国家連合とは異なる）、国際法人格を持つ。

安全保障の観点からヨーロッパ共同体は存在するのか？

「スピルオーバー」効果には限界がある。ハースによると、国家主義的《ナショナリスティック》な指導者が残存することで統合されないセクターが生じる。[25] ホフマンとコヘインによると、国家は未だに統合に関して管理を行い、ハイポリティクスの分野の統合には慎重である。[26] モラフチークによると、外交問題や防衛の分野における統合について社会や政府の関心は薄く、このことは国家主義《ナショナル》的な性質が根強いことを説明している。実際広い意味で安全保障を捉えるなら、様々な側面において安全保障共同体は存在するが、軍隊や防衛意識といった狭義において捉えるなら、そういった共同体は存在するのかという疑問は残る。[27]

ＥＵは食糧やエネルギー安全保障を供給し、消費者や域内を移動する者たちに安全を与え、そして人間の安全保障の必須事項である自由をもたらしている（どこへ移動しても生活のために働いていけるように）。直接、安全保障の脅威に対峙するわけではないが、ＥＵは安全保障に関連する諸課題に向き合っている。一九八三年に北部のトルコ系地域が独立を宣言したキプロスは、一つの問題ではあるが、状況は比較的安定している。二〇一〇年から二〇一三年まで続いたアラブの春と、シリア内戦の後に発生した多くの移民が、イタリアやトルコ（ブルガリアやギリシャと国境を共有する）といった国にとって、国家の不安定要因となっている。

しかしながらこれらの問題はブザンの広義の見方からすれば、安全保障に関連してはいるが、共通安全保障・防衛政策（ＣＳＤＰ）をこえた政策分野と結び付いた問題である。つまり欧州近隣諸国政策（経済・財務総局の所掌）や移民政策（内務総局の所掌）といった分野の問題で、ＣＳＤＰよりはるかに統合が進められている分野である。

リスボン条約の署名以降、ＣＳＤＰに関して多くの制度改革が行われたが、[28] 協力の実践には制限がかかったままである（二〇〇四年に緊急対応部隊が作られたが、使われることはなかったといった具合に）。軍事力も制限されていて、ＮＡＴＯを通して、もしくはＮＡＴＯに依存しながら国家は活動している。一九九二年～一九九五年のボスニア紛争、一九九九年のコソボ内戦、二〇一一年のリビア戦争などがそうであった。[29]

ＥＵ加盟国すべてに、今日連帯条項が結ばれている（リスボン条約で盛り込まれたＥＵ条約第四二条で、これは西欧同盟を設立したブリュッセル条約（一九五四年に修正）第五条に盛り込まれていた内容である）。多くのヨーロッパ国家はまた、北大西洋条約第五条において同じような内容の条項を

定めていた。(30)

しかし共同体の概念は、ただ行動を共にするような決定だけではなく、自分たちは運命共同体なのだという認識や価値を分かち合うといった内容も含まれている。これはEU加盟国間で広がりを見せている。認識、利益、国際協力の見解においてであり、国際協力については二〇〇三年と二〇一三年に勃発したイラク戦争とシリア内戦時に示されたように、ときに各国の見解が分かれる。イラク戦争は一番良いケーススタディだろう。フランス、ドイツ、中立国家（そしてロシア）はアメリカのイラク介入に反対の意を示した一方で、イギリス、スペイン、ポルトガル、ポーランド、そしてその他の東欧諸国（そして日本）は介入を支持した。二〇〇三年一二月には、再びそのような事態がEUの決定を妨げることがないように共通戦略が採択された。しかし、見解の相違は未だ残ったままである。

2　安全保障の観点から考えるアジア共同体の可能性

安全保障の分野においてアジア間で行われている協力とは

数十年にわたって、アジア地域では経済協力が行われてきている。実質的な地域の安全保障協力というのは、非常時にのみ行われる。これは対話の枠組み（公式対話ないしセカンドトラック対話）として進められ、安全保障問題についての議論とそのための調整がなされる。アジア地域には政治的に不安定な地域が数多く存在する。北朝鮮問題、南シナ海のパラセル諸島、スプラトリー諸島（ベトナムと衝突）、スカボロー礁（フィリピンと衝突）をめぐる中国の領土政策、また尖閣諸島問題、そしてカシミール地方をめぐっては未だにインドとパキスタン間で緊張が走っている（もっともパキスタンの北部辺境地域はより注意が必要ではあるが）。

アジアにおける既存の政府レベル対話としては、以下の枠組みがある。

①アジア太平洋経済協力グループ（一九八九年）

②ARF（ASEAN地域フォーラム。一九九三年創設、一九九四年第一回フォーラム開催）。メンバーはASEAN一〇ヵ国（ブルネイ、カンボジア、インドネシア、ラオス、マレーシア、ミャンマー、フィリピン、シンガポール、タイ、ベトナム）、ASEANのパートナー国一〇ヵ国（オーストラリア、カナダ、中国、EU、インド、日本、ニュージーランド、大韓民国、ロシア、アメリカ）、ASEANのオブザーバー国一ヵ国（パプアニューギニア）、および朝鮮民主主義人民共和国、モンゴル、パキスタン、東ティモール、バングラディシュ、スリランカを含む二七ヵ国が参加。

③ASEAN＋3（一九九七年）

④六者会合（二〇〇三年）

⑤東アジア首脳会議（EAS、二〇〇五年に発足、二〇一一年にアメリカ、ロシアも加わり、現在一八ヵ国が参加。）東アジアコミュニティの形成を目指す。現在では地域の平和と安定維持の他に、エネルギー、環境、防災といった課題についても話し合われている。二〇一一年に行われた第六回EASにおいては、加入国間での武力攻撃、または放棄を強調した「バリ原則」が採択された。これは、ASAN一〇ヵ国間で締結された友好協力条約（TAC、一九七六）の構想に依拠するものである。また、インドネシアはTACをモデルとしたインド太平洋友好協力条約を提唱している。

⑥上海協力機構（二〇〇一年発足、一九九六年の上海ファイブを前身とした協力機構）、中国、カザフスタン、キルギスタン、ロシア、タジキスタン、ウズベキスタンが参加国である。
⑦集団安全保障条約機構：旧ソビエト連邦を構成した国家から結成された、独立国家共同体のうち六ヵ国から成る。一九九二年にこの六ヵ国が集団安全保障条約に署名、一九九四年に発効され、それを基にした機構である。[31]
⑧南北／東西機構：一九五四年、マニラ条約に基づいて設立された東南アジア条約機構の前身である。アメリカ、フランス、イギリス、ニュージーランド、オーストラリア、フィリピン、タイ、パキスタンから成る。一九九七年に解体した。

主なセカンドトラック対話は以下の通りである。

①ＡＳＥＡＮ戦略国際問題研究所連合（ＡＳＥＡＮ―ＩＳＩＳ）　ＡＳＥＡＮ―ＩＳＩＳは一九九〇年代までは地域安全保障対話の推進役を担っていたが、一九九一年六月にＡＳＥＡＮ拡大外相会議（ＡＳＥＡＮ　ＰＭＣ）が多国間フォーラムの場になることを提案し、その提案からＡＲＦが誕生した。
②アジア太平洋安全保障協力会議（ＣＳＣＡＰ）　アジア太平洋地域（オーストラリア、カナダ、インドネシア、日本、韓国、マレーシア、フィリピン、シンガポール、タイ、アメリカ、また現在はニュージーランド、ロシア、北朝鮮、モンゴル、中国、ベトナム、ＥＵ、インド、カンボジア、パプアニューギニア）のうち一〇ヵ国から二〇ほどの戦略研究センターを束ねて発足。

③国際戦略研究所（IISS）が毎年主催するシャングリラ対話は、各国国防大臣の事実上の集まりとなっている。

④東アジア研究所連合（NEAT）　中国が主導して創設したもので、西側主導でのより確立されたセカンドトラック・プロセスに対抗（ASEAN+3のメンバーで二〇〇二年に発足）。

日本、中国、韓国の安全保障概念の衝突

中国と北朝鮮は、アジアの地域秩序に対して挑戦的である。両国はアジアの修正主義国家なのである（研究者によってはロシアも含むとするかもしれないが、ロシアは中央ヨーロッパに対して修正主義者なのであり、アジアに対してではない）。ブザンは修正主義国家を以下のように定義づけている。「修正主義国家とは、自らの国内体制が国際関係全般とかみ合わないと考え、それゆえ自国は脅されている、もしくは少なくとも不当に扱われていると感じる国家のことである」。[32]そういったことは中国と北朝鮮（もしくはイラン）にはよくあることで、実際にこれら諸国の国内体制は、拡大しつつあるリベラルな秩序と一層乖離してきている。[33]その分析（ネオリアリストならば国際システムが危険にさらされていると主張するかもしれない）に同意しようがしまいが、衝突―レトリック（脅し）にしろ実行性のあるもの（武力の示威）にしろ―が、そのような国とASEAN諸国、韓国、日本、インド、オーストラリア、ニュージーランド、さらにはアメリカとの間で起こっているのである。

多くの点で、アジア国家間における共同体は確かに存在している。例えば今日のアジア経済は、ヨーロッパ経済と同じくらい統合されたものとなっているし、その共同体内の全ての国家が中国を第一の貿易国として関係を築いている。しかしアジア諸国は多くの問題で分断される。それはいつも中国

と他のアジア諸国―ただしカンボジア、ビルマ、ラオスはASEANよりも中国側に付くが―との間で起こる問題であり、例えば国境問題、エネルギー、環境、防衛問題などである。

実際、北朝鮮に関して前述の認識についてはほとんど異を唱えるものはいないが（中国は除く）、中国に関してはそうではない場合もある。中国については認識には大きなばらつきがあり、これが協力を妨げているのである。

中国の経済力、軍事力に対する日本と韓国の認識は、完全に一致しているとはいえないが、大きくは違っていない。例えば韓国は、中国に対して北朝鮮に牽制や圧力をかけてもらう必要があると考えている。さらに、ブザンが示唆するように、他の問題（歴史問題、内政問題）によって、両国（特に日本との秘密情報交換合意や物品役務相互提供協定（ACSA）の調印を延期した韓国）は、同じ地域的安全保障複合体の一員だという認識に至っていない。

すべてのASEAN加盟国が、中国に対する共通の評価を示しているわけではない。いや、もしそうなら、共有されている利益は曖昧なままなのかもしれない。ASEAN内ではフィリピンとベトナムは中国に批判的である。二〇一二年のインドネシア主催のASEAN首脳会議では、共同声明が発せられなかった。同年五月のミャンマーで行われた首脳会議後には共同声明を発表しているが、中国を批判するものとはいえず、南シナ海問題での緊張の穏便な解決を訴えるもので、行動規範の制定に進展はなかった。

逆にいえば中国と北朝鮮も、アジアの国々に対して不信感を抱いている。彼らの考えは定義づけることが難しい。権威主義国家でさえも、統一された組織として機能することはないということを、想起すべきである。[34] 一般に、外務省は他国の情勢に注意を払いながら交渉を進める。その一方で防衛省は安全保障を強調し、他国との関係にリアリズム的見解を採用する。大臣間ではさらなる意見の不一致が生じる。これは中国（多くの安全保障関係機関が置かれている）や北朝鮮（軍に対する政治のコントロールが賄賂次第となっている）を含む、どの国でも起こりうる事実なのである。

フィリピン、ベトナム、インドネシアは、日本、韓国、オーストラリア、ニュージーランド（そして地域パワー以上のものを持つが、地域パワーでもあるアメリカ）と同様に、ドイッチュらが定義する安全保障共同体、あるいはブザンが定義する地域的安全保障複合体の一員である。しかし、中国を除いた組織形成は困難で挑戦的であるように思われ、結局逆効果を生んでいる。そういった協力関係の模索は、非公式になされるか、現存の枠組みを通して中国も加える形で進められるかである。実際、ほとんどのアジア太平洋諸国はＡＲＦとＥＡＳのメンバーであり、中国も同様にメンバーに含まれている。すべての国々は、事実上、同じ組織の一員なのである。こうしたことから、日本にとっての二国間関係の重要性もみえてくる。

3　アジア安全保障共同体の代替としての国家間同盟ネットワーク

日米安全保障同盟

この同盟は日本を守るためのものであるが、次第にアジアの現状維持、地域の安定を支えるものになってきている。アメリカとの関係において日本は、放棄するか相手を欺くかといった、古典的な同盟のジレンマを経験している。しかしながら日本は、全体としては日米同盟が自分たちにとって利益になると感じているし、自分たちの目指すべきは、この同盟により重きを置くことであると考えている。アメリカはこの動きに好意的で、日本が（一九六〇年代に議論された）自国の安全だけではなく、地域の安定にもより貢献するよう働きかけている。現在、厳しい予算制限に直面しているアメリカは、同盟国間のネットワークの確立を望んでいる。

立ち現れつつある日本のパートナー諸国とのネットワーク

安全保障協力に関する日豪共同宣言、日豪外務・防衛閣僚協議（「２＋２」会合）の行われた二〇〇七年以降、日本は安全保障外交を発展させてきた。二〇一〇年にオーストラリアとの物品役務相互提供協定（ＡＣＳＡ）に署名、防衛協力協定をイギリスと交わし（日英間の防衛装備品等の共同開発等に係る枠組み及び情報保護協定に二〇一三年に署名）、「２＋２」会合を二〇一三年にロシアと、二〇一四年にフランスと開始した。またインド、ベトナムと防衛交流を進め、多国間防衛演習、三ヵ国安全保障対話（日米とインドないし韓国）を発展させてきた。東南アジア諸国（ベトナム、インドネシア、フィリピン、ミャンマー）とは、地域での脅威に適切に対処するための協力関係を築いた。(35)

実際アジアは、経済的現実によって国家に課される協力の論理、対話を生み出すための制度的取り決めと既存の地域枠組み、そして国家間協力を促す脅威の認識の間で矛盾を抱えている。異なる種類の共同体（経済的利益ないし安全保障上の懸念に関連するもの）が存在し、また重なり合ってもいる。安全保障共同体は今日、アメリカと日本の周りに存在し、同じような環境下の国家を包含している。しかし共同体は一つではない。もし協力関係において得られる利益を強調するような、リベラルな見解を示すことに賛同が得られるなら、アジアの国家間には確かに利益共同体が存在する。またそうでなくても、近い将来多くの点で、このようなことが現行の安全保障共同体に取り入れられるだろうが、これは歴史問題の不和を埋める日本と韓国の力にかかっている。

注

（1）Arnold Wolfers, "'National Security' as an Ambiguous Symbol", *Political Science Quarterly*, Vol. 67, No. 4, (December 1952), p.485.

（2）Barry Buzan,《New patterns of global security in the twenty-first century》, *International Affairs*, Vol. 67, No. 3 (1991), pp.432-433.

（3）Barry Buzan, *People, States & Fear*, University of North Carolina Press, Chapel Hill (1983), 2007, pp.286-287.

（4）Barry Buzan, Ole Waever, Jaap de Wilde, *Security, A New Framework for Analysis*, Lynne Riener, Boulder, *1998*, p.190.

（5）Barry Buzan, Ole Waever, Jaap de Wilde, *Security, A New Framework for Analysis*, *op. cit.*, p.36.

（6）*Ibid*, p.9

（7）Kenneth Waltz, *Theory of International Politics*, Addison-Wesley, Reading, 1979.

（8）Jean-Jacques Rousseau, *Discours sur l'origine et les fondements de l'inégalité parmi les hommes*, 1755.

（9）Barry Buzan, *People, States & Fear*, *op. cit.*, p.235.

（10）*Ibid*, p. 218

(11) Emanuel Adler, Michael Barnett, *Security Communities*, Cambridge University Press, Cambridge, 1998, p.31.

(12) Karl Deutsch, Sidney Burrell, Robert Kann *et alii*, *Political Community and the North Atlantic Area: International Organization in the Light of Historical Experience*, Westport, Greenwood, 1957.

(13) Barry Buzan, *People, States & Fear*, *op. cit.*, p.160.

(14) *Ibid.*

(15) Barry Buzan, Ole Waever and Jaap de Wilde, *Security, A New Framework for Analysis*, *op. cit.*, p.190.

(16) *Ibid.*, p.43

(17) Robert Jervis, "Realism, Neoliberalism and Cooperation: Understanding the Debate", *International Security*, Vol. 24, No. 1 (Summer, 1999), pp. 42-63.

(18) Joseph Grieco, "Anarchy and the limits of cooperation", *International Organization*, Vol.42, No.3 (Summer, 1988).

(19) Robert Jervis, "Realism, Neoliberalism and Cooperation: Understanding the Debate", *International Security*, Vol. 24, No. 1 (Summer, 1999), pp. 42-63.

(20) Arthur Stein, "Coordination and collaboration: Regimes in an anarchic world", *International Organization*, Vol. 36 No.2, (Spring, 1982), pp 299-324; Robert Keohane, *After Hegemony: Cooperation and Discord in the World Political Economy*, Princeton University Press, 1984.

(21) John von Neumann and Oskar Morgenstern, *Theory of Game and Economic Behavior*, Princeton U. Press, Princeton, 1944.

(22) Thomas Schelling, *The Strategy of Conflict*, Harvard University Press, Cambridge, 1960.

(23) Robert Jervis, "Security Regimes", in Stephen Krasner (ed.), *International Regimes*, Cornell University Press, Ithaca, 1985, pp.173-194.

(24) Ernst Haas, *The Uniting of Europe: Political, Social, and Economic Forces, 1950-1957*, Stanford University Press, Stanford, 1958, p.9s.

(25) *Ibid.*

(26) Robert Keohane and Stanley Hoffmann, "Institutional Change in Europe in the 1980s," in Keohane and Hoffmann (eds), *The New European Community: Decision Making and International Change*, Westview Press, 1991, pp.1-39. しかし、ホフマンは以下のように認めている。「国家間の競争は伝統的な軍事・外交に加えていくつかのチェスボードの上で行われている。例えば、貿易、金融、援助・技術支援、宇宙研究開発、軍事技術、それにいわゆる『非公式な浸透』と称されるチェスボード上においてである」(Stanley Hoffmann, "International Organization and the International System," *International Organization*, Summer 1970, Vol.24, No.3, p.401).

(27) Andrew Moravcsik, "Taking Preferences Seriously: A Liberal Theory of International Politics," *International Organization*, Vol. 51, No. 4, (Autumn, 1997), pp. 513-553.

(28) ＥＵ外務・安全保障政策上級代表は一九九九年に設置され、欧州理事会の事務総長の役割も担っており、二〇〇九年のリスボン条約発効によりその権限は強化された（キャサリン・アシュトンが着任。彼女は欧州委員会委員であり、欧州委員会の副委員長と外務閣僚理事会の議長を務める）。欧州安全保障・防衛政策（ＥＳＤＰ）は今日、共通安全保障・防衛政策（ＣＳＤＰ）と称されている。政治安全保障委員会（ＰＳＣ）が、この分野でのイニシアチブを形成するツールとして機能している。

（29）リビアに関しては、ＥＵの政策は問題を抱えてきた。二〇一〇年一〇月にカダフィ大佐はＥＵとともにＥＵへの移民流入を阻止し、そのために年六〇〇〇万ユーロの支援を受けていた（"EU and Libya reach deal on illegal migrants", *BBC*, 6 Oct. 2010: http://www.bbc.co.uk/news/world-europe-11484192 (accessed 20 June 2014)）が、二〇一一年三月には彼はもはや正統性を持たないとみなされ、下野することを求められた。

（30）二二ヵ国がＥＵとＮＡＴＯの共通加盟国である。アルバニア、アイスランド、ノルウェー、トルコが非ＥＵ加盟のＮＡＴＯ加盟国、逆にオーストリア、フィンランド、アイルランド、マルタ、スウェーデンが中立政策をとっているのでＮＡＴＯに加盟していないＥＵ加盟国である。

（31）友好協力条約（ＴＡＣ）には、締約国間での直接交渉による紛争の平和的解決に関する条項が定められている。もし直接交渉で解決に至ることができない場合、当事国が合意すれば第一四条に定める上級理事会が設置され、適切な解決策を推奨することとなる（Chapter IV, Articles 13-17）。

（32）Barry Buzan, *People, States & Fear*, *op. cit.* p.241.

（33）According to Samuel Huntington, *The Third Wave. Democratization in the Late Twentieth Century*, Norman, University of Oklahoma Press, 1991.

（34）Graham Allison, *Essence of Decision. Explaining the Cuban Missile Crisis*, Boston Little, Brown&Co., 1971, p.329.

（35）『防衛白書』二〇一三年。

（ギブール・ドラモット）

宮脇古都・坂井一成訳

第12章　文化交流からみるアジア共同体

1　「アジア美術」の成立と展開

アジア共同体を文化の側面から考えるとき、二つの特徴が指摘されよう。一つは、市場の一体化と拡大である。マンガ、アニメ、テレビドラマ、ポピュラー音楽や映画など、大衆（メディア）文化交流の分野では、この地域の多くの人々が国境を越えてくる文化産品を消費するようになっている。同時に、それは複数のアジア市場をにらんだマーケティング戦略と市場圧力の働く場である。都市中間層の間に対話的な公共空間や帰属先としての地域共同体想像の可能性をもたらす一方、近年ではブランドナショナリズムに基づく国家間競争の台頭や、韓流現象への反動のような排他的な国民文化の想像力や他者排除の情動の発現に関心が集まるところでもある。(1)

もう一つは、公的機関による域内協力の進展である。ヨーロッパのように地域機構が各国の文化政策の補完として行う施策は存在しないものの、一九九〇年代以降のアジア太平洋では、文化交流機関や財団、美術館などの公的組織が、域内交流を促進するような取り組みを進めてきたのである。[2] ここで取り上げる「現代美術」の分野では、冷戦終焉を境に、中国・東南アジアを中心とする社会批評的な表現が「アジア美術」と呼ばれるカテゴリーの下、地域の公的機関において注目を浴びるとともに、アジアをめぐる新たな想像力を提起するようになった。二〇〇〇年代には美術市場においてその芸術的価値が認められ、アジア人によるコレクション形成という新たな展望も示されるようになっている。

本章では、この「アジア美術」という文化交流（＝地域規模のトランスナショナルな芸術生産）の場の成立と展開について、それを可能にした、①美術の力学、②公的機関の役割、③マーケットの機能という三つの側面から検討する。そこに関わるアーティスト、キュレーター、ギャラリスト（画商）、観衆やコレクターといった関係者の相互行為のなかで、いかなる共同体像が呈示されているのかを、一部具体例を紹介しながらみていくことにしたい。

2 「アジア美術」の成立――現代美術のアジア的展開

かつて「東洋古美術（Asian Art）」を指していた「アジア美術」は、「現代アジア美術（Contemporary Asian Art）」としても独自性を認められるようになった。その背景には、近代西欧において成立した「美術（Art）」の力学の変化があった。美術の規範において、「過去の遺物」あるいは「亜流」としか位置づけられてこなかった非西洋地域の造形は、「現代美術」という新たな規範の登場によって、初めて独自のものとして評価されるようになったのである。

美術とは、西欧ルネサンスの古典主義時代以降、アカデミー・システムによって「自由技術」という規範と「アーティスト」という社会的地位を保障された文化であった。ところが一九世紀後半の近代産業化社会において、印象派を生んだ「作家―画商―評論家システム」が誕生する。古典的規範への異議申し立て（あるいは同規範からの離反）が都市ブルジョワジーの趣味に合致し、市場（Market）を舞台にその逸脱性を増していく「近代美術」の時代の到来である。そして第二次世界大戦後、とりわけ一九六〇年代末以降の欧米で市民権を得たのが、「現代美術」とよばれるさらに尖鋭的な表現である。現代美術は、美術館等の公的機関（Institution）の設立によって公共性を認められるものとなり、その芸術的価値は、公的機関とマーケットの補完的関係において決定されるようになった。(3)

この新しい規範とシステムが世界各地に波及するなか、冷戦後、アジア太平洋の公的機関に盛んに取り上げられるようになったのが「アジア美術」とカテゴリー化された作家・作品群であった。第二次世界大戦後の「熱戦」と「革命」から一九六〇年代の「開発」「成長」へと転換したアジア地域は、七〇年代には、米中日の接近による冷戦構造の「溶解」ないし変質を経験していた。(4) 八〇年代を通じて、自由化・民主化が進み、欧米からの情報が急激に流入するなか、中国、韓国、東南アジアのアーティストたちは、欧米由来の美術表現を「自由」の象徴として消化していく。そんな彼らの尖鋭的（ときに荒削り）な表現が、現代美術の一ジャンルとして、いまや「遅れたもの」ではなく「新しいもの」として、評価されうる状況が生まれていたのである。

3 公的機関主導による「アジア美術」の概念化

一九九〇年代、冷戦終焉への意識とともに、「アジア美術」の紹介に努めたのがアジア太平洋の先発国群の公的機関であった。日本では、外務省管轄の国際交流基金がアジア文化外交の新機軸として一九九〇年、アセアン文化センターを設立（一九九五～二〇〇四年、アジアセンターとなる）、ODAを投入した現代芸術の振興策によって「アジア美術」の国内的認知を一気に高め、九四年には、「アジア現代美術ブーム」と新聞報道されるようになった。(5) オーストラリアでは「芸術家地域交流」（ARX）プログラムとアジアリンク、アメリカではロックフェラーの古美術コレクションで知られるアジア・ソサエティが、現代美術関係の事業に取り組み始めた。さらに同時期相次いでいたのが美術館、および大規模な国際美術展の設立である。なかでも「アジアの交流拠点都市」を掲げる福岡の福岡市美術館（一九七九年開館、一九九九年、福岡アジア美術館が分館）、「アジア・太平洋への玄関口」を謳《うた》う豪・クイーンズランドの州立美術館（Queensland Art Gallery：一九八二年開館、二〇〇六年、アジア・太平洋現代美術のためのギャラリーを増設）、また東南アジアのハブを目指すシンガポールの国立美術館（Singapore Art Museum：一九九六年開館、二〇一五年、新館開館予定）など新設の美術館が「アジア美術」に特化した展示と収集を本格化していく。一九世紀末創設のベネチア・ビエンナーレなどをモデルとし、「ビエンナーレ」あるいは「トリエンナーレ」とよばれる定期開催の国際美術展は、一九九五年の韓国（光州ビエンナーレ）を筆頭に、上海（一九九六年）、台北（一九九八年）、横浜（二〇〇一年）、広州（二〇〇二年）、シンガポール（二〇〇六年）などで設立され、多くのアジア人作家に発表の機会が提供されることになった。

こうした美術館や美術展では、評論家・学芸員・キュレーターなどの専門家が作家・作品の選考を行い、ポスト植民地主義などの議論に接続しつつ、言説形成に携わってきた。例えば一九九二年秋、国際交流基金主催のアジア初の本格的な東南アジア現代美術展「美術前線北上中――東南アジアのニュー・アート」には、アメリカ留学経験のあるマレーシアの若手華人作家ウォン・ホイチョンによる「粛清」（一九八九〜一九九〇年）が出品されている。第二次世界大戦中の日本軍によるマラヤ占領中の華僑虐殺という、マレーシアの公的な歴史には取り上げられてこなかった華人社会の記憶を描いたこの作品について、日本の同展企画者は、「声高に日本の侵略を攻撃するというより、淡々と『日本の占領とは何であったのか』を問おうとする…善悪二元論に陥らない普遍性」に評価を与えている。[6]また一九九四年、福岡市美術館で開催された「第四回アジア美術展」では、「社会や日常に対するきわめて『現実主義的な』態度」がアジアの美術の共通点であるとして称揚され、「『西洋』を絶対的な価値として、『西洋』に学ぶことをもっぱらにしてきたアジアの『近代』の終焉」と「アジアにおける近代以後の新しい時代の始まり」とに対する期待が表明されている。[7]ここでナショナリズムに回収されない地域的共同性の象徴、あるいは「西洋近代」への対抗的価値として位置づけられていることく、「アジア美術」は、あるべき共同体の「理念」として概念化されている。それが美術関係者や観衆の間に共感と支持を集め、一種の規範としても機能している。

そこではまた、経済的に優位にある国々の公的機関における文化帝国主義が警戒され、水平性に基づく協働の担保が課題とされていた。二〇〇二年、国際交流基金主催で七ヵ国を巡回した「アンダー・

コンストラクション」展では、参加七ヵ国のキュレーター九名が共同で作家・作品選考に当たっており、「地域共通の問題解決」や「西欧からの眼差しによって表象されるアジアの美術ではない、アジアの人々が自ら語るべき美術への模索」が目指された。[8] 他方、日本をいかにアジア美術のなかに位置づけるかという課題に対して、欧米志向が指摘されていた作家たちの間にアジアをテーマとする作品も見られるようになっている。例えば二〇〇二年、欧州連合における通貨ユーロ導入の年に開催された福岡アジア美術館の第二回福岡トリエンナーレでは、戦後日本の記憶に取り組んできた柳幸典による「大東亜仮想通貨千羽鶴」が、観衆に有効期限付紙幣を自ら発行して鶴を折ってもらうというやり方でアジアにおける通貨統合と地域統合の問題性を提起し、反響を呼ぶものとなったのである。

4 クロスマーケットにおける美術品の共有

公的機関の主導による理念的な「アジア美術」の展開と並行しつつ、二〇〇〇年代のアジア太平洋には、新興富裕層と財の蓄積を背景とするトランスナショナルな美術市場が形成されていった。とりわけ北京オリンピック開催前後の中国人作家作品の価格高騰と中国美術市場の拡大は顕著であり、[9] 市場化の波は、華僑華人マネーの連鎖により、さらにインドネシアを始めとする東南アジアにも押し寄せている。オークション市場では、二〇〇五年の日本人作家作品に続き、二〇〇六年以降、中国人作家の作品が一〇〇万米ドルを超えて取引されるようになった。同じ頃、二大オークション会社のクリスティーズ、サザビーズの香港オークションには、「現代中国絵画」「東南アジア絵画」など既存の部門を統合した「現代アジア美術（Contemporary Asian Art）」部門が設置され、アジアを中心に世界中から顧客を集めている。各国別に編成されていた市場が相互に乗り入れるクロスマーケットの成立である。アジアの作品価格が欧米のそれと並び、経済的価値が芸術的価値と見なされうる状況が生まれるなか、美術市場の動向は、アジアの現代美術のあり方に多大な影響を与えるものになっている。

このなかで活発化しているのがギャラリストやコレクターら、舞台裏からアーティストを支援する市場関係者の動きである。いまや「アジア美術」は、将来の美術史と文化遺産を構成しうる芸術的価値をもつ「美術品」であるとして、美術館等公的なコレクターとも連携しつつ、作家の名声と作品の価値を投機的な波から守り、コントロールする必要があると見なされている。そんな作家作品の一次取引を行うギャラリーから構成されるプライマリー市場では、二〇〇〇年代、アジア各地に「アートフェア」が新設され[10]、北京、上海、香港、シンガポールなど取引の中心地には、欧米の有名ギャラリーが出店するなど、域内外にわたる交流が加速化している。市場関係者は、「アジアの中にアートサーキットが生まれるなら、作家も含めてアジアでの評価が世界に通じていく感じがある」と、アジアの美術の将来性について語り始めている。[11]またアジアの市場関係者との交流経験を通して、非欧米地域の美術の宿命であった「欧米人用のお土産みたいなオリエンタリズム」を乗り越える展望や、「アジア」という概念自体、脱構築される可能性もが見えてきているという。[12]一九九〇年代以降、コレクターの中心が「名士」や「スーパースター」から「慎重／現実主義者」に移るなか[13]、アジア太平洋には、アジア美術の「伸び代」に少ない資金で投資する「サラリーマン・コレクター」のようなモデルも出現し始めている。現代美術は「私たちが生きる世界や時代の反映」であるが、とりわけアジアの現代美術は、アジア社会の「似ているが異なる」現実への独創的なアプローチであり、投資の対象としてふさわしいとみなされている。それらを収集し、支持することがまた、創造的な活動の一部として認識されつつある。[14]

こうした状況に着想を得た作品も生まれている。例えば、二〇一二年、アジア美術に特化するシンガポールのアートフェア「ARTSTAGE Singapore」には、インド系タイ人作家ナウィン・ラワンチャイクンによる巨大な看板画「Navinland Needs You: We are Asia!」が出展された。評論家、キュレーター、ギャラリスト、コレクター、作家（作品）などアジア美術界の重要人（事）物三〇〇人（件）が詳細に描き込まれた横一三メートルに及ぶこの大作は、同作家が行っているプロジェクト「ナウィン国」が依拠する美術界の現状を、若干の皮肉も込めつつ活写したものだったのである。

5　現代美術による「アジア」共同体想像の可能性

以上見てきたように、現代美術の脱中心的な力学によって可能になった「アジア美術」というカテゴリーは、冷戦構造崩壊後のアジア太平洋において、公的機関によって公的な役割を与えられた。現在ではマーケットと連動しながら経済的価値に裏打ちされた芸術的価値を創出しつつある。つまり、「理念」としてのアジア美術と「美術品」という実態としてのアジア美術とが、芸術的価値の形成において相互補完的に連関し始めているといえるのかもしれない。「アジア美術」は、西洋のエキゾチシズムの対象、ないし同じ地域に住む「他者」から、「われわれ」意識の源泉へと変化し、国際的に認知されつつ自ら自身を定義することのできる可能性の場としても想像されるようになっている。これは戦前までのアジア美術をめぐる垂直的ないし帝国主義的な想像力を乗り越えるものといえよう。

他方、アジア美術の将来にとって障害となりうるのがマーケットの過熱と商業主義である。マーケットの比重の増大とともに、市場に乗りにくい作家・作品の疎外傾向が指摘されるようになっている。また、冷戦終焉後も続く政治的緊張やある種の表現に対する規制も根強く存在する。この地域の歴史問題に関わる表現は近年ますます困難になっており、中国では、性・暴力・政治に関わる表現はいまだタブーである。文学・演劇など言語表現と比べて規制が厳しくなかった現代美術表現への圧力が、その社会的重要性が増すにつれ強まる可能性も考えられる。

この点で示唆に富むのが、例えば、日中韓のアーティストユニット「西京人」の活動である。二〇〇五年、日中の作家二名の共同制作が第二回広州トリエンナーレで当局の検閲にあった経験から、二〇〇七年、日中国交正常化三五周年記念展（国際交流基金主催「美麗新世界」）のため、日中韓の作家三名がユニットを結成し、北京でも南京でも東京でもない架空の都市国家「西京国」の構想を始めたのである。北京オリンピック開催の二〇〇八年、彼らは「競わない」ことをルールとする「西京オリンピック」を開催し、その映像をYoutubeを通して配信している。「アジア美術」に集う人々は、アジア社会のマジョリティとはいえないかもしれないが、新奇の想像力に富んだ観衆やコレクターに支えられたコミュニティを形成しているように思われる。政府レベルの日中交流事業のほとんどがキャンセルとなった二〇一二年、反日デモの緊張のさなかの中国で、日本人コレクターによるコレクション展が敢行されたとのエピソードも聞く。文化的共同性の脆弱なアジアにおいて、その程度には、「アジア美術」のネットワークは強まりつつあるのかもしれない。

注

（1）岩渕功一「国境の越えさせられ方――メディア文化と越境対話」中神康博・愛甲雄一編『デモクラシーとコミュニティ――東北アジアの未来を考える』（成蹊大学アジア太平洋研究センター叢書）未来社、二〇一三年。白石さや『グローバル化した日本のマンガとアニメ』学術出版会、二〇一三年。

（2）岸清香「90年代アジア美術における『大東亜戦争』の記憶――若き反逆者たちのタブーへの挑戦」都留文科大学文学部比較文化学科編『せめぎあう記憶――歴史の再構築をめぐる比較文化論』柏書房、二〇一三年、およびヨーロッパの美術交流について、同「ヨーロッパ統合と文化政策――戦後美術の想像力はどう変遷したのか」廣田功編『現代ヨーロッパの社会経済政策』日本経済評論社、二〇〇六年。

（3）Raymonde Moulin, *L'Artiste, l'institution et le marché*, Flammarion, 1992. このため一九九〇年代のフランスでは、現代美術への手厚い公的支援に対する反発に起因する現代美術論争も見られるようになった。Nathalie Heinich, *Le Triple jeu de l'art contemporain. Structures d'une révolution artistique*, Minuit, 1998.

（4）毛里和子・森川裕二編『図説ネットワーク解析』（「東アジア共同体の構築」第四巻）岩波書店、二〇〇六年。

（5）国際交流基金については、和田純「東アジアにおける日本の国際文化交流と文化外交――戦後日本の政府機関の活動と課題」添谷芳秀・田所昌幸編『現代東アジアと日本1　日本の東アジア構想』慶應義塾大学出版会、二〇〇四年。九四年前後の「ブーム」と論争については、岸清香「美術における『アジア』の表象――福岡アジア美術館の展示活動」平野健一郎・古田和子・土田哲夫・川村陶子編『国際文化関係史研究』東京大学出版会、二〇一三年。

（6）国際交流基金アセアン文化センター「美術前線北上中――東南アジアのニュー・アート」（展覧会図録）、

一九九二年。同展はASEAN結成二五周年と国際交流基金創立二〇周年を記念する「東南アジア祭'92」の一環として、東京・福岡・広島・大阪を巡回した。

（7）後小路雅弘「態度としてのリアリズム――90年代のアジア美術」福岡市美術館「第四回アジア美術展」（展覧会図録）、一九九四年。

（8）古市保子「アジア――協働空間の可能性」国際交流基金「アンダー・コンストラクション――アジア美術の新世代」（展覧会図録）、二〇〇二年。

（9）中国の美術市場規模は二〇一〇年、ついにイギリスを抜き、アメリカに次ぐ世界二位になった。

（10）二〇〇二年の韓国国際アートフェア（KIAF）、二〇〇四年の北京国際藝術博覧会（CIGEおよびArt Beijing）、二〇〇七年上海のSh Contemporaryに続き、二〇〇八年香港にArt HK（二〇一三年には世界最大のアートフェアArt Baselの傘下に入る）、二〇一一年シンガポールにはARTSTAGE Singaporeが設立された。

（11）三潴末雄の発言。椹木野衣・植松由佳・三潴末雄「美術表現　外に接続」『高知新聞』二〇一一年二月一四日。

（12）大田秀則「Gallerist Interview」『月刊ギャラリー』二〇一〇年五月号、および同「アジアの新世代アート」「Shibuya Hikarie Magazine」二〇一三年七月。

（13）Olav Velthuis, *Talking Prices: Symbolic Meanings of Prices on the Market for Contemporary Art*, Princeton University Press, 2005. 宮津大輔『現代アートを買おう！』集英社、二〇一〇年。

（14）“Similarities and Differences: Asian Contemporary Media Arts from Daisuke Miyatsu Collection”, *ArtShow Busan 2012*, 2012. アジアのコレクターの重要性については、東京国立近代美術館ほか編「現代美術のハー

ドコアはじつは世界の宝である展——ヤゲオ財団コレクションより」二〇一四年。

（岸　清香）

終　章　やがて世界は一つになる

1　財団の活動とその特徴

本章では、まずワンアジア財団の活動を紹介し、そしてその活動をしていくうえでどうしても突き当たる民族・人種・国籍という壁をどのようにすれば「卒業」できるのかについて触れる。つぎに、「自己とは何か」、「人間とは何か」、「生命とは何か」について考え、そのこととアジア共同体の創設あるいはワンアジア財団の活動との関わりについて述べてみたい。

ワンアジア財団の目的は大変シンプルで「アジア共同体の創成に寄与すること」である。そしてその目的を達成するために、①民族、国籍を問わない、②思想、宗教を拘束しない、③政治に介入しない、の三つの活動原則がある（表1）。

表1　ワンアジア財団の目的

目　的	アジア共同体の創成に寄与する
3つの活動原則	①民族、国籍を問わない ②思想、宗教を拘束しない ③政治に介入しない

ワンアジア財団の設立は二〇〇九年一二月で、大学への寄付講座活動を開始したのは二〇一〇年九月である。したがって、約四年間の活動によって、講座は二〇一四年現在、アジアの三六の国・地域で二九五大学にまで広がっている（表2）。国・地域別の講座開設状況は表3のようになります。

財団の講座開設状況には二つの特徴がある。

（1）一つ目の特徴は、アジアの範囲が非常に広いことである。北はロシア、モンゴル、南はASEAN一〇ヵ国にインド、アフガニスタン、パキスタン、西は中央アジアのキルギス、カザフスタン、ウズベキスタン、タジキスタン、トルクメニスタン、さらに南ではオーストラリア、ニュージーランドまで入っている。

ワンアジア財団の考えるアジアの範囲とは、一九五五年にインドネシア・バンドンで開かれたバンドン会議（アジア・アフリカ会議）には、当時のスカルノ大統領主催により、インドのネルー首相や中国の周恩来首相なども参加し、二八カ国が集ったが、その五〇年後の二〇〇五年には、再び同じ場所でアジア・アフリカ会議が開かれ、その時の参加国はアジア約五〇ヵ国、アフリカ約五〇ヵ国となり、そのアジアの約五〇ヵ国が、アジアの範囲に近いものであると考える。

（2）二つの目の特徴は、アメリカ、トルコ、カナダ、メキシコ、エジプトなどが入っていることで、ワンアジア財団が考えているアジア共同体は最終目標で

表２　寄付講座の開設状況

寄附講座開始	2010年9月
2014年現在	36の国・地域で295大学
3年後（2017年目標）	500大学（5,000名の教授）

表３　国・地域別の講座開設状況

地　域	開設済	準備中	地　域	開設済	準備中
日　本	42	34	バングラディシュ		1
韓　国	33	23	ラオス	1	1
中　国	45	23	ブータン		1
香　港	4	3	キルギス	4	1
マカオ		1	カザフスタン	2	
台　湾	3	7	トルクメニスタン		1
北朝鮮		1	ウズベキスタン		1
シンガポール	1	2	タジキスタン		4
タ　イ	2	4	オーストラリア		1
モンゴル	2	4	アメリカ	1	3
ベトナム	2	2	ロシア	1	
ミャンマー		4	ウクライナ		1
ネパール		1	トルコ	1	1
フィリィピン		2	カナダ	2	
カンボジア	3		メキシコ		1
インドネシア	5	3	エジプト		1
マレーシア	1	2	コンゴ		1
スリランカ	1		小　計	156	139
インド		4	合　計（36）	295校	

はないこと。最終目標は「ワンワールド」。つまり世界共同体であるべきと考えている。そこでアジア地区以外の地域の大学でも、アジア共同体に興味があり、かつ、アジア共同体の講座を開始したいとの要望がある大学には支援を行っている。

2　三つの壁

現在地球上の約七二億の人びとは、三つの壁の中でものを考え、行動している（図1参照）。

一つ目の壁は「自己・自我の壁」
二つ目の壁は「企業・団体の壁」
三つ目の壁は「国・民族の壁」

以上三つの壁の中でものを考え、行動していくことは当然のことであり、それが悪いということではない。

それぞれの自己にとって、目の前にあるテーマが有利か不利か、役に立つか立たないかなど、「自己の壁」の中で考え、行動すること、これは至極当然の話である。しかし、時としてあまりにも自己中心的な考えを主張しすぎて、他の人とうまくコミュニケーションがとれないこともある。

企業にも「企業・団体の壁」があり、非常に激しい戦いになることもしばしばある。スマートフォンの世界では、韓国のサムスンが世界一と思われますが、世界の多くの企業が激しい戦いをくり広げている。その戦いは、生き残れるか倒れるかの戦いであり、それぞれの企業は「企業・団体の壁」の

図１　３つの壁

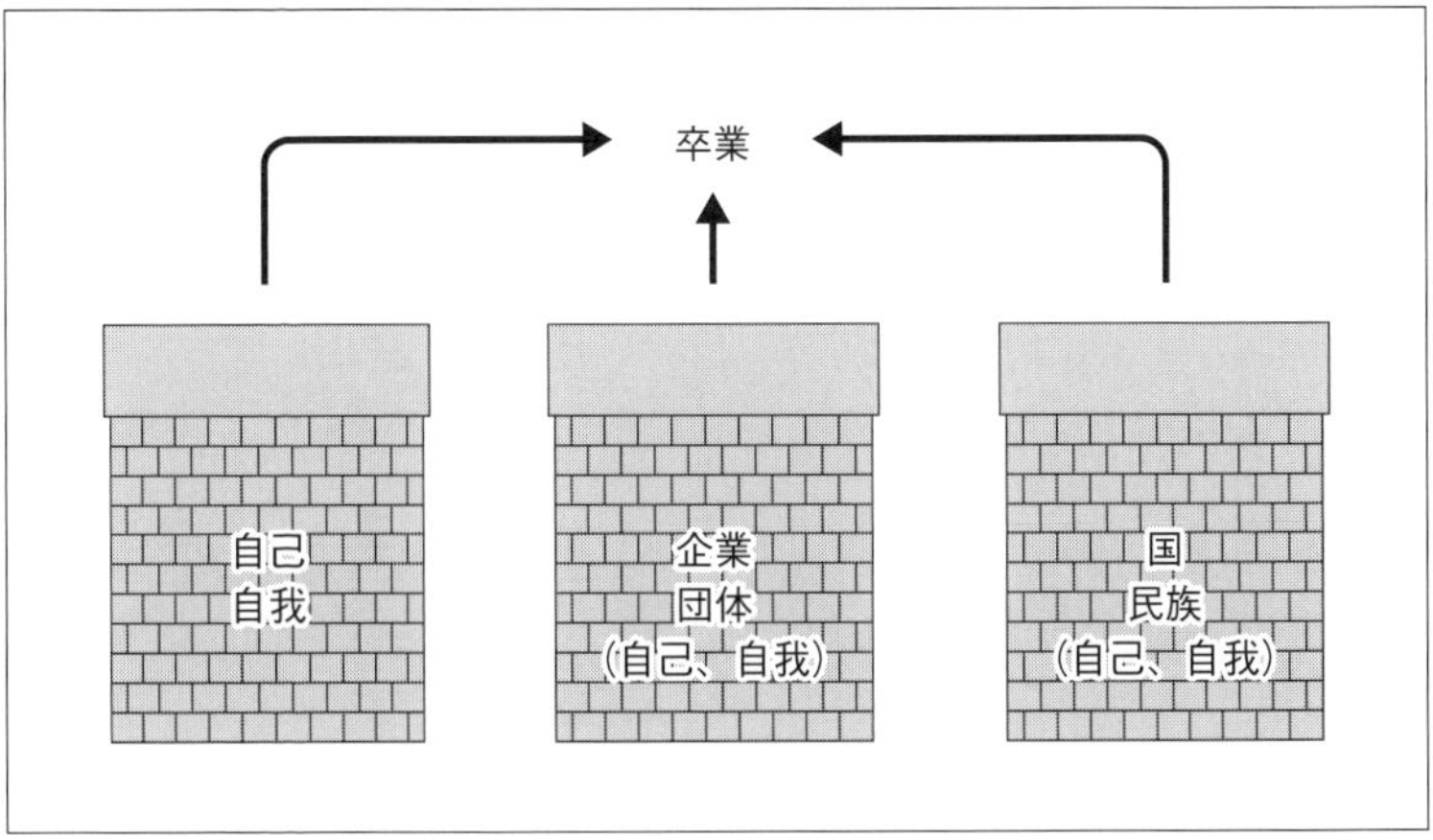

中で、企業の利益を追求し続けている。そしてその追求はエンドレスに続くのである。

世界のそれぞれの国は「国・民族の壁」の中で、それぞれの国益を主張し合っている。直近の問題では、日本と韓国における、竹島（独島）の問題、中国と日本における尖閣諸島（釣魚島）の問題。政治家同士がお互い前面に出て、国益を主張し合い、各メディアも参加し、国民感情が悪化している現状がある。互いの国益の主張はエンドレスに続くように見える。特に領土の問題に関しては双方の政治家が簡単に妥協できるテーマではない。しかし未来もこの争いが続くことは、双方の国民にとってもマイナスであるし、また、世界の人々にとってもマイナスである。

この三つの壁を壊して取り除くことは、不可能と思われるが、双方がそれぞれの壁の中で十分に主張し合い、その結果マイナスしかないと気付き、ではどうすれば双方にとってプラスになり、かつ世界の人々にとってもプラスになるにはどうすればよいか、というふうに考える時期がやがてくる。その時がその壁を卒業する時だと思う。十分に壁の中で主張し合う時間が必要であり、そして次に卒業を迎えることができる時がくると思う。ワンアジア財団はそういう未来に期待し、その時こそアジア共同体も世界共同体もできるだろうと、大きな夢をもっているのである。

3　三つの壁を卒業するには

「自己・自我の壁」「企業・団体の壁」「国・民族の壁」はどうすればより早く卒業できるのだろうか。ここで大事なことは「卒業」という言葉である。卒業ということは、それぞれの壁の中で、十分に時間をかけて、主張し、行動をし尽くし、それらの十分な経験があった後に卒業を迎える。おそらく現在の人類は三つの壁の中でまだ時間が必要なように思える。時間はかかるがやがて卒業の時がかならず来ると思うのである。その卒業に早く近づけるために、人類の根本的、普遍的テーマを掘り下げてゆくことが重要だと考える。

今ここに、図2のようなリンゴの絵がある。

このリンゴの表面には、地球上のあらゆる問題が存在している。例えば、政治、経済、法律、芸術、スポーツ、歴史、科学、文学、教育、医学、物理、または貧困の問題など、あらゆる問題が存在している。それぞれの問題を、それぞれの専門家の方々が深く掘り下げ、考察し続けていくと、やがてリンゴの芯のところで、根本的、普遍的テーマにぶつかり、あらゆる分野から掘り下げても、やがて人類の共通のテーマにぶつかるのである。それは、①自己（自我）とは何か、②人（人間）とは何か、

図2　人類に共通する4つのテーマ

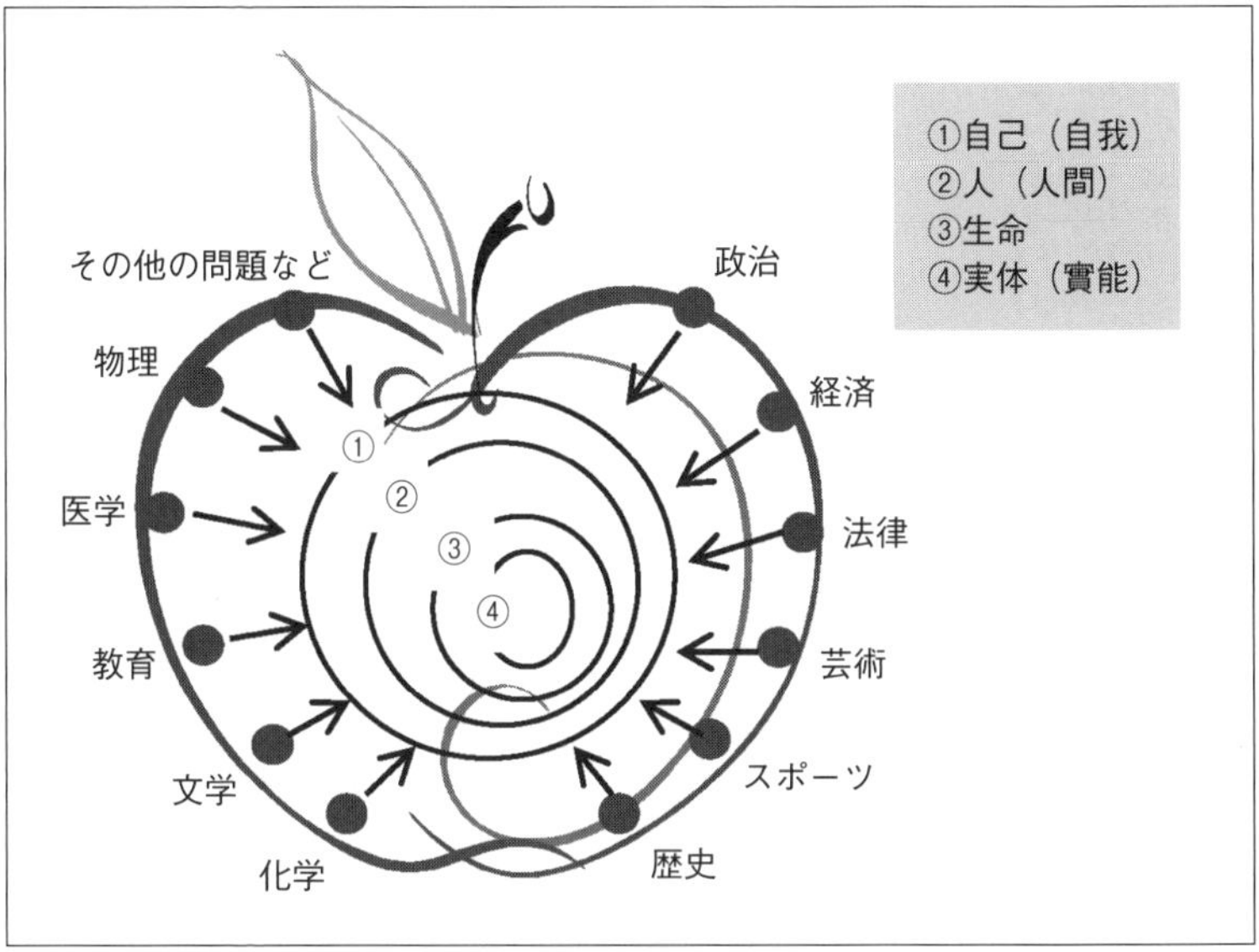

③生命とは何か、④実体（實能）とは何か、である。すべての問題はこの四つの根本的、普遍的テーマに収れんされる。

例えば、政治、経済、法律の分野には、学者もいれば実務家の方々もいる。政治、経済、法律という分野の多様なテーマに携わる多くの学者や実務家たちの皆さんが毎日の活動を続けていく最終的な目標はいったい何であろうか、皆さん考えてみてください。ワンアジア財団の理事長としては次のように考えている。「世界の約七二億の人びとが争いなく、平和でお互いに助け合いながら、安心して生活ができること」だと思う。政治、経済、法律に携わる方々は、まず出発点はそれぞれの方の自己である。そしてそれぞれの方の自己がやがて約七二億の人（人間）のことを対象として掘り下げていくことになる。

また科学、医学、物理などにも多くの専

門家の人たちがいる。それらの専門家の人たちに「時間と十分なお金を差し上げますから、離れ小島で生涯研究をして下さい」といっても研究はしてもらえないだろう。それはなぜだろうか。例えばIPS細胞の分野でノーベル医学賞を受賞した山中伸弥先生の場合、「社会の多くの人たちの役に立ちたい」という高い志があればこそ、今までその研究を続けてこられたのだろうし、これからも続けていくことができるのだと思う。

また、芸術、スポーツの分野も「多くの人たちに見てもらいたい」「楽しんでもらいたい」というエネルギーがあってこそはじめて成り立つのだと思う。その対象は「人」「人間」ということに繋がっていくのである。

「自己（自我）」は、約七二億の人びとすべてに存在している。まず「自己（自我）」とは何かを掘り下げ、次に「人（人間）」とは何かを掘り下げ、さらに「生命」とは何か、「実体」とは何かというテーマに結びつけていく。

4　自己とは何か

「自己とは何か」の問い

「自己とは何か」というテーマは二七〇〇年前に建築されたデルフォイの神殿の正面に掲げられた額文字にきざまれている。歴史的な哲学者たちはそれぞれデルフォイの神殿の銘について、表4のように言及してきた。人類にとって長く、重要なテーマであることに変わりはない。

表４　デルフォイの神殿の銘「汝自身を知れ」

タレス （紀元前624〜546） ギリシャ（ミレトス）	７賢人の筆頭、哲学の祖（アリストテレス）。「汝自身を知れ」最も困難なことは自分自身を知ることである。
キケロ （紀元前106〜前43） イタリア（アルピニ）	哲学は、「みずからを知る」という一番難しいことを教えてくれた。「みずからを知れ」というこの教えの意味するところは、極めて大きいものである。そのため、これは人間に由来する教えではなく、デルフォイの神に由来する教えだとされている。
モンテーニュ （1533〜1592） フランス（ペリゴール）	「自分自身を知れ」という教訓は重大な効力を持つに違いない。なぜならば、知識と光の神アポロンが、人間に対して忠告しなければならないことをすべて含んでいるものとして、彼の寺院の正面に刻まれているからだ。
ルソー （1712〜1778） スイス（ジュネーブ）	人間のすべての知識のなかで、最も役に立つのに最も進んでいないのは、人間についての知識であると思われる。デルフォイの神殿の銘だけでさえ、人生批評家たちのすべての分厚い書物よりも、重要で難解な教訓を含んでいるとあえて言いたい。
岡倉天心 （1862〜1913） 日本	「汝自身を知れ」とは、デルフォイ（アポロンの神殿）の信託によって語られた最大の秘儀であった。

今から「自己（自我）とは何か」を掘り下げて考えてみる。この掘り下げをすることによって、三つの壁の卒業、とりわけ「国・民族の壁」の卒業に近づくことができると考えられるからである。すべての人びとはそれぞれ別々の自己（自我）を持っている。ではその自己（自我）は人間の身体のいったいどの辺りにあるのか。この質問をアジアの一〇〇以上の大学において生徒の皆さんにしてきたが、その結果、だいたい次の三つの答えが返ってきた。それは「脳」と「心」と「体全体」の三つであっ

表5　自己が形成されなかった事例

①フリードリヒ２世（1194−1250） 神聖ローマ皇帝。シチリア（1198）とドイツ（1212）の国王も兼ねた。
②1920年10月17日 インドのカルカッタの近くのミドナプールにて、シング牧師により狼少女が救出された。

た。自己（自我）の存在は顕微鏡などで見ることができないし、また探し出そうとしてもその存在を証明することはできない。しかし、そこに自己（自我）が存在することは間違いないのである。

二つ目の質問は、皆さんが赤子で生まれた時、すでに自己（自我）の存在はあったのだろうか、というものであるが、多くの大学生の答えは「あった」と「なかった」がそれぞれ半分くらいに分かれた。

自己の形成されない事例

これから以下の二つのストーリーについて言及するが、このストーリーからは生まれたばかりの赤子には自己（自我）がないと考えられる。

一つ目のストーリーは、西暦一二〇〇年頃、ドイツとシチリアの国王を兼ねたフリードリッヒ二世が家来たちにある命令を下したお話である。

これから数ヵ月後に出産予定の妻を持つ家来たちに「赤子が生まれても一切名前を呼んだり、話しかけたりしてはいけない」と国王は命令した。加えて「最初に赤子がしゃべった言葉を全部メモして持ってこい」と。国王は「赤子というのは、神から授かったものであるから、最初にしゃべる言葉は神の言葉に違いない」という想定のもとにこの命令を下したのだ。ところが命令に従った家来たちの子供はすべて、一五歳〜一六歳で亡くなってしまった。その子供たちは言葉も話せないし、文字も全く分からないし、コミュニケーションも取れなく、いわゆる知的障害者の状態で生涯を終えてしまった。

二つ目のストーリーは一九二〇年一〇月のことである。インドのコルカタ近くのミドナプールという村で狼少女が発見された話である。シングという牧師が森で狼に出くわした。その狼のそばには五～六歳と思われる少女がいた。シング牧師は少女を狼から引き離してカマラという名前をつけ、夫婦で育てた。カマラに言葉と文字を教育したのだが、カマラは言葉をしゃべることができず、文字を覚えることもできなかった。最後まで狼の習性を残したまま、収容してから九年後に亡くなってしまった。その時のカマラの写真とシング牧師夫婦の育児記録が実際に残っている。

この二つのストーリーから推測すると、生まれた赤子には自己の存在はないということになる。一つ目のフリードリッヒ二世の話では、もし赤子に自己の存在があるとすれば赤子が成長してゆく過程で外からの多くの刺激により、自己（自我）がさらに形成されていくと考えられるが、そうではなかったと思われる。

また、二つ目のカマラのストーリーでは、すでに五～六歳になっていた少女の教育がうまくいかなかったのはなぜだったのであろうか。

赤子の自己（自我）形成

では、生まれた赤子に自己（自我）の存在がないとすれば、いつどのように自己（自我）が形成されるのであろうか、という問題にぶつかるのである。

赤子が生まれたら、まず赤子に名前を付ける。そのことを日本、韓国、中国では「命名」といい、赤子に命の名をつけることをさし、そして赤子の名を呼ぶことになる。「泰平」という名をつけて、

図3　赤子の自己（自我）形成

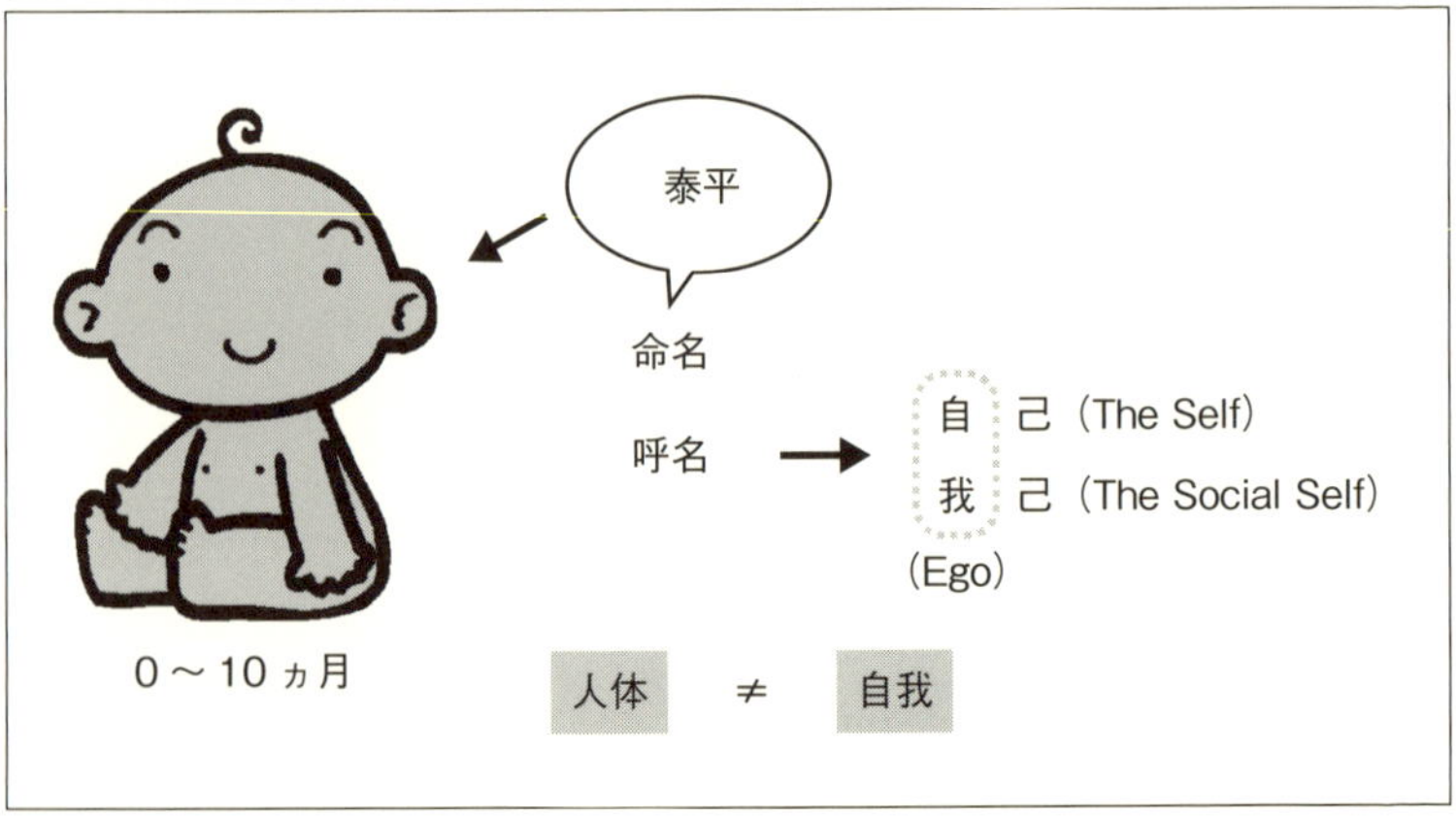

両親や周りの人が「泰平、泰平、泰平」と毎日何十回、何百回、何千回と呼びかける。一、二ヵ月から六～七ヵ月「泰平」という名を呼び続けていく。そのことにより、「泰平」という一定の音波振動数が赤子の耳や皮膚から伝わり、脳のどこかに「泰平自己」ができあがっていく。それから一年経って、よちよち歩く頃には泰平自己が形成され、「泰平」と呼ぶと呼ばれた方へ歩いて来るようになる（図3）。

そして自己はいろいろな服を重ねて着ていくことになる。ここでいう服とは、着ている服ではなく、例えば「泰平ちゃんは男の子よ」という「男の子」という服を着ることである。幼稚園生、小学生、大学生、やがて社会人になれば、○○会社社員、課長、部長、役員等である。そして結婚すれば夫婦、子供ができれば父親、母親となる。このような服のことを「我己」という。最初に、赤子に、泰平自己が成立し、その後我己という服をたくさん着ていくのである。その自己と我己を合わせて「自我」と言う。したがって自己と自我とは意味が違うのである。またすべての人びとが生きていくことは、自我形成をしていくことと同じ意味となる。

ただし赤子の最初の自己形成は、生まれてから一〇ヵ月くらいの間は脳のスイッチが開かれているようで、その間に名を呼び続けることが大事なようである。一〇ヵ月を過ぎてしまうと脳のスイッチが閉じてしまいその後はもう自己形成のチャンスを失うようである。先の五〜六歳で収容されたカマラちゃんの場合、いくら「カマラ、カマラ」と呼んでもカマラ自己が形成されることはなかったのである。生まれた赤子には自己が存在しないことや、その後の呼び名によって自己が形成されていくことを証明することは大変難しいことであるが、もし仮にどなたか協力していただけれるというのであれば、将来結婚して子供が産まれた時に、一〇ヵ月間、名前も呼ばない、何も話しかけないでみてください。結果はどうなるでしょうか。でもこのことは、とても恐ろしいことであり、このようなことはけしてやってはならない。

ここまでの話で一番言いたいことは「人体と自己（自我）とは別々のものである」ということである。

二〇一一年三月に日本で起きた大地震と津波によって、一万人以上の人びとが海に流され、翌日には約五〇〇〇もの遺体が海岸に打ち上げられた。警察がどれだけ調べても、身元の判明しない遺体が約二〇〇〇あるといわれている。もし人体と自己（自我）が同じであるとすれば実に単純であり、どの身体を調べてもその人の自我が発見されるはずであるが、身体と自我がわからないということは、やはりもともとイコールではないということになる。この身体と自我は別々のものであるということが今一番伝えたかったことである。

図4　自我形成のしくみ

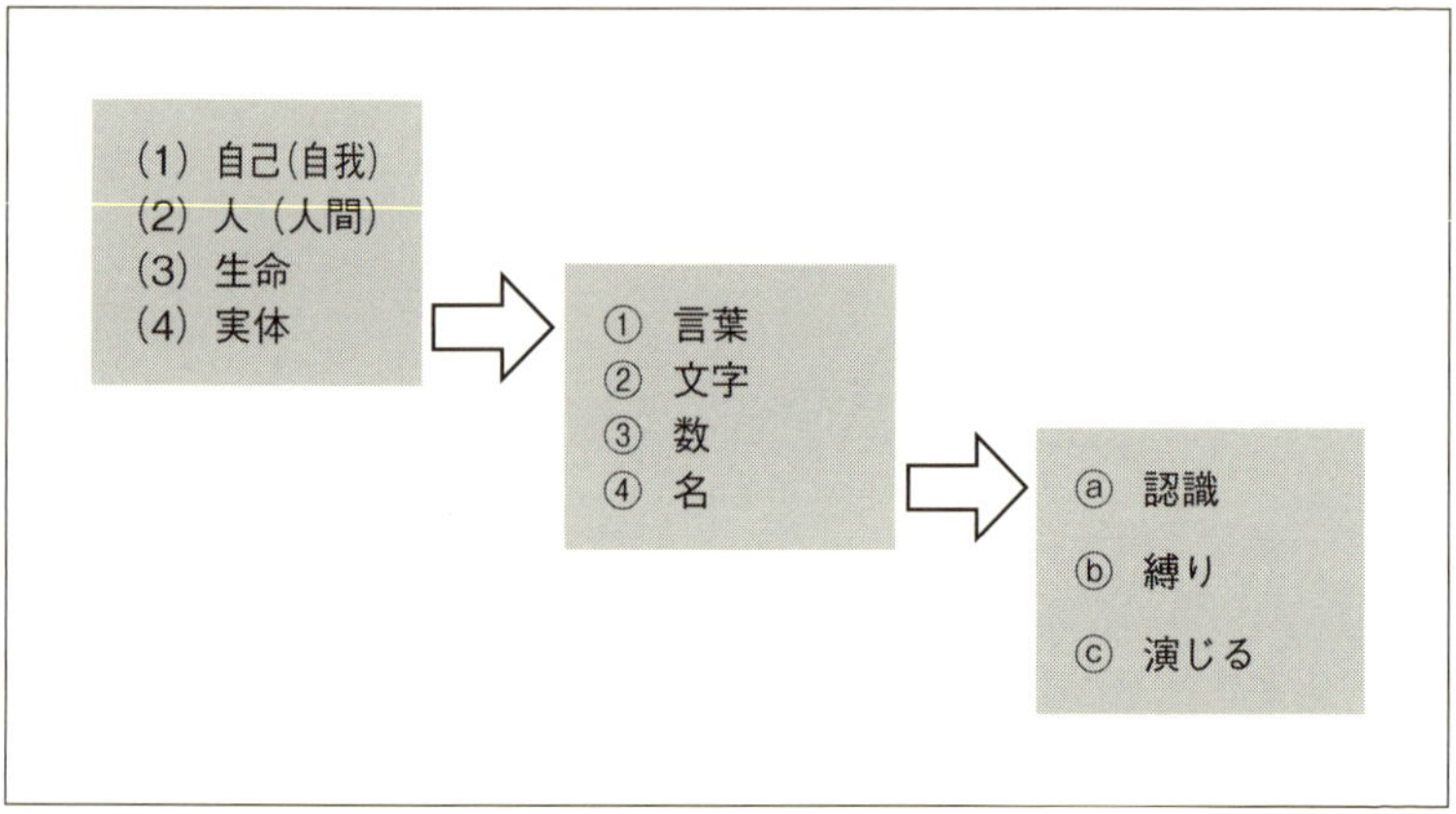

自我形成のしくみ

身体はどうすれば成長するのだろうか。答えは簡単である。食事をすることにより栄養素を取り入れ身体は成長する。では自我のほうはどうすれば成長するのだろうか。自我が成長するには、①言葉、②文字、③数、④名、以上四つの道具が必要である。

　赤子が生まれて自己が形成され、成長するとともに自我形成していくには、まず最初に言葉を覚える。次に文字を習い、数字を勉強する。そしてあらゆる名を覚えていき、同時に幼稚園生、小学生、高校生、大学生、〇〇会社社員という名の服を着ていく。この四つの道具によって自我形成はうながされる。

①言葉　学生の皆さんが提出したレポートを担当教授から大変いいできです、と言葉をかけられると、学生は大いにやる気になり、これは自我形成になる。

②文字　図書館へ行けば多くの書物から文字を通して自我形成は大いに進む。

③数　学生であれば、成績の点数により評価され、社

会人であれば営業成績の数値で評価される。そのことにより自我形成は進む。

④名　ここでいう名は物の名称よりも各自己が着る服のタイトルにより自我形成が進む。

タイトルの「名」には三つのステップがある。ⓐ「認識」、ⓑ「縛り」、ⓒ「演じる」というステップである。例えば若い男女のカップルがいるとする。友達関係の時は互いにどこに居ても、時々メールをやりながら「元気？　今何しているの？」でＯＫである。もしこのカップルが結婚して夫婦になったとする。夫婦の間柄になって、例えばどちらか一方がどこに行ったかわからなくなってしまう。そして一ヵ月後に「元気か？」というメールでは、当然夫婦関係は壊れるだろう。つまり、このカップルは夫婦という名を共有し、夫婦を認識して、縛り、演じないわけにはいかないのである。

自我形成

ほとんど人は、韓国人とか、中国人とか日本人とか、それぞれの国のタイトルを持っているはずである。しかしある日、突然に中国人から日本人になってしまうことがあったとしたらどうであろうか。

一九四五年、第二次世界大戦は日本の敗戦によって終わった。当時、中国の東北部の満州に日本の民間人が約三〇万人生活していたが、敗戦を向かえて、何とか生きて日本に帰りたいと混乱の最中にいた。その時生まれて間もない一～二ヵ月の赤子を持つ親は、とても日本へ赤子を生きてつれて帰ることは無理だと考え、その赤子を中国の夫婦に預けて帰った。「何とかこの赤子の命を育んで下さい」と、泣きながら置いてきたのである。そしてその子供たちは、やがて六〇歳代になっても、中国人として何の問題もなく生活していた。しかし二〇年ほど前から中国の養父母も年をとり、実の父親、母

図5　中国人が日本人となった事例

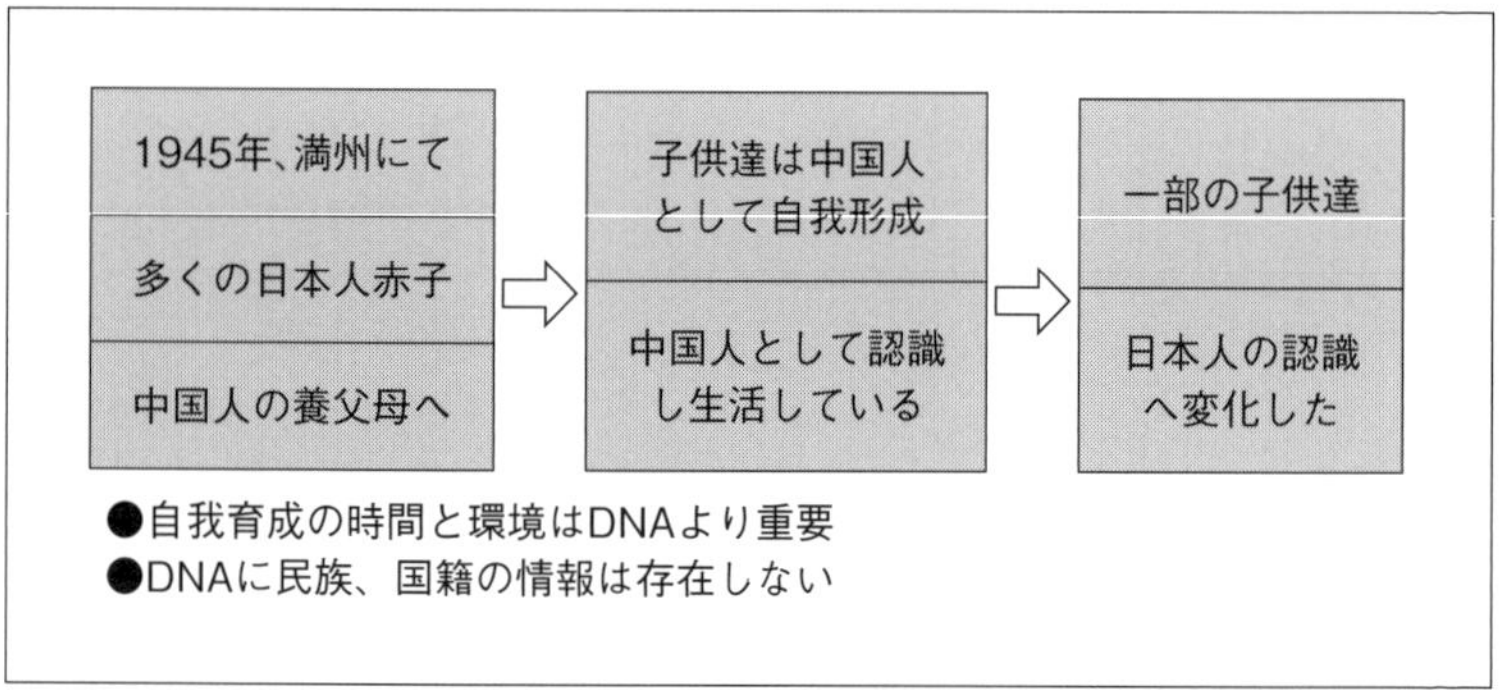

親は日本人であったことを子供たちに伝えた。これを聞いた瞬間から子供たちは、中国人から日本人に変わってしまったのである。そして日本人と認識してからは日本人を演じないわけにはいかなくなってしまった。その後、その子供たちは何とか日本に行って実の父母や親族を捜すなどするが、そこには多くの困難があったのである。

この歴史的事実により、二つの重大なことを学ぶことができる。

一つ目は、ＤＮＡでは確かに日本人の父母を証明することができるであろうが、それはあくまでも身体上の問題であり、それよりも子供たちが過ごした中国の養父母のもとで、中国において①言葉、②文字、③数、④名、の道具をもちいて自我形成した七〇年近くの間の方がもっと重要で重いことではないだろうか。すべての動物は子孫を残こし、そしてＤＮＡを継承していくわけであるが、子供を産むことよりは子供を育て、その子供に自我形成をさせることの方がどれだけ大事であり、エネルギーを使うことであるかは少し考えればわかることである。

二つ目の重大なことは、地球上の約七二億のすべての人々のＤＮＡの中には、民族、国籍という情報は存在しないというこ

表6　「人間とは何か」使用例

利根川進（米マサチューセッツ工科大学教授）	生命科学の究極の研究目的は、「人間とは何か」という疑問の解明だ。
山本仏骨（龍谷大学教授）	すべての宗教および学問は「人間とは何か」を問い求めることにこそある。しかし答えはまだ出ていない。
山本　信（東京大学名誉教授）	「人間とは何か」というのは、カントが哲学のすべての問いは最終的にはそこに帰着すると言った問いであるが……。
松井孝典（東京大学助教授）	自然科学にしろ、社会科学にしろ、哲学にしろ、文学にしろ、その問うところは、つきつめていけば「人間とは何か」という永遠不変の命題である。
小林秀雄（評論家）	「人間とは何か」についてはっきりした説明がいくつもあれば、ちっともはっきりしない事になる。

とである。したがって民族、国籍は、客観的に絶対的なものとして、科学的に証明できるものではなく、自我形成をしていく過程で、民族、国籍という名を認識し、縛り、演じているということである。そのようなことが分かると、未来のどこかで民族の争いや、国同士の争いは卒業できる可能性があると考えられるのではないだろうか。

しかし人類の歴史は現在も三つの壁の中でまだ自我形成をしている段階である。卒業できる時が将来必ず来ると思う。卒業できた時、人（人間）の社会として人類は一つであることを認識できるであろう。

5　人間とは何か

自己（自我）とは何かの次は「人（人間）とは何か」が人類の重要なテーマである（表

図6　人(人間)とは何か

人(人間)とは何か?
(日本の国会図書館には、このテーマを扱った本が約1,000冊ある)

人(人間) ── 地球上の約72億人の総称

⇕ 反対語

自己(自我) ── 約72億分の1名

6参照)。例えば、山本仏骨教授は「すべての宗教および学問は、『人間とは何か』を問い求めることにこそある。しかし答えはまだ出ていない」。また、松井孝典教授は「自然科学にしろ、社会科学にしろ、哲学にしろ、文学にしろ、その問うところは、つきつめていけば『人間とは何か』という永遠不変の命題である」と言及している。「人間とは何か」の問いは、人類の根本的、普遍的テーマであり、きわめて、難しいテーマである。

6　人類のめざしている方向

しかし「人(人間)とは何か」の問いに対するヒントはある。人(人間)は、地球上の約七二億すべての人びとの総称である。一方、自己(自我)は約七二億分の一である。「人(人間)」↕「自己(自我)」はそれぞれ反対語になる(図6参照)。

人類は過去から現在に至るまで、長い年月をかけて、三つの壁の中で強い自我形成をして来た。しかしやがて卒業する時がくると思う。その時こそ約七二億の人びとが争いもなく、助け合いながら平和で安心して生活できることであろう。卒業する時が来たときに、人類は素晴らしい「人（人間）」の社会が実現できるといえるであろう。別のことばでいうならば人類は「人（人間）の完成」を目指しているともいえる。

未来に「人（人間）の完成」という大きな夢をもちつづけること。そしてその時がくるまでネバーギブアップでワンアジア財団の活動を続けていこうと考えている。

（佐藤洋治）

あとがき

ヨーロッパで後のＥＵ（欧州連合）へとつながる地域統合が始まったのは、フランス外相ロベール・シューマンが、フランス、西ドイツの間での石炭・鉄鋼の共同管理を提唱し、これによって両国間の戦争を未然に防ぐことを企図し、欧州石炭鉄鋼共同体の設立を掲げた一九五〇年代初めのことである。しかし、この時点で、どれだけの人が今日のＥＵへの発展を予期できただろうか。フランスとドイツは、一九世紀後半の普仏戦争、二〇世紀に入り第一次世界大戦、第二次世界大戦と、百年の間に三回も戦火を交えた宿敵同士であったが、この隣国同士が共同体の礎をつくり、その発展のイニシアティブを共に担ってきたことは、一九五〇年代以前から見るならば驚きであったといえるだろう。

翻ってアジアに眼をやると、歴史問題や領土問題で日中関係、日韓関係は冷え込み、北朝鮮をめぐる安全保障上の地域の緊張が深刻化している。他方で、ＡＳＥＡＮを中心とした対話・協力の進展、さらにＡＰＥＣ創設やＴＰＰをめぐる議論のなかで、アジア太平洋での地域的国際協力の枠組み整備も進んできている。政治、経済、さらに文化のグローバリゼーションが進むなかにあって、国家の壁を越えた近接地域での連携・協調は、ＥＵのような地域「統合」という状況ではないにせよ、少なからずアジアにも避けがたく到来してきている。

地域統合の先進事例であるＥＵを、一つの鑑として参照することは重要である。とはいえ、単純なＥＵとアジアの比較ということは、必ずしも生産的とはいえまい。そもそも「アジア」をどう定義するか、この点からして非常に大きな議論を呼び起こすものでもある。こうした今日的状況のなかで、アジアの地域協力をどのように理解し、将来「アジア共同体」の構築が可能であるとするなら、どのようにこれを見通せば良いかを検討することは、今後ますます大きな意味を持ってくるといえよう。

本書は、神戸大学国際文化学部において、二〇一四年四月から七月にかけて開講された「国際文化特殊講義：アジア共同体論」の講義内容に基づいている。第一部では関係する国・地域の観点からどのような共同体が構想されうるのか、そこで論点としてあがってくるものは何かを検証している。第二部では、思想・歴史、安全保障、国際政治経済、文化交流といった国や地域を越えるメタなテーマを軸に、アジア共同体の糸口を探っている。各論考は、「アジア」をどう捉えるかを含め、内外の専門家による自由な発想とアプローチに委ね、地域協力の促進、さらには共同体構築に向けての可能性と課題を検討している。

本講義の開設、並びに本書の刊行に際しては、一般財団法人ワンアジア財団からの寄附講座開設助成を得た。編集にあたっては、芦書房の中山元春氏、佐藤隆光氏にお世話になった。ご支援に、心より感謝申し上げたい。

二〇一五年七月

坂井一成

●著者紹介（執筆順）

坂井一成（さかい・かずなり）神戸大学大学院国際文化学研究科教授（序章、第11章共訳）

大庭三枝（おおば・みえ）東京理科大学工学部第一部教授（第1章）

山﨑直也（やまざき・なおや）帝京大学外国語学部准教授（第2章）

岡田浩樹（おかだ・ひろき）神戸大学大学院国際文化学研究科教授（第3章）

貞好康志（さだよし・やすし）神戸大学大学院国際文化学研究科教授（第4章）

窪田幸子（くぼた・さちこ）神戸大学大学院国際文化学研究科教授（第5章）

安岡正晴（やすおか・まさはる）神戸大学大学院国際文化学研究科准教授（第6章）

河原地英武（かわらじ・ひでたけ）京都産業大学外国語学部教授（第7章）

ユク・ロペスビダル（Lluc López i Vidal）カタロニア放送大学人文学部准教授（第8章）

ノエミ・ランナ（Noemi Lanna）ナポリ東洋大学アジア・アフリカ・地中海学部准教授（第9章）

谷川真一（たにがわ・しんいち）神戸大学大学院国際文化学研究科准教授（第10章）

ギブール・ドラモット（Guibourg Delamotte）フランス国立東洋言語文化学院日本学部准教授（第11章）

岸　清香（きし・さやか）都留文科大学文学部准教授（第12章）

佐藤洋治（さとう・ようじ）一般財団法人ワンアジア財団理事長（終章）

●訳者紹介

池内梨紗（いけうち・りさ）神戸大学大学院国際文化学研究科博士前期課程（第8章共訳）

佐藤良輔（さとう・りょうすけ）神戸大学大学院国際文化学研究科博士後期課程（第8章共訳）

宮脇古都（みやわき・こと）神戸大学大学院国際文化学研究科博士前期課程（第11章共訳）

●編者紹介

坂井一成（さかい・かずなり）

1969年生まれ、一橋大学大学院社会学研究科博士後期課程退学
現在　神戸大学大学院国際文化学研究科教授、博士（学術）
主著『ヨーロッパの民族対立と共生［増補版］』芦書房、2014年など。

地域と理論から考えるアジア共同体

■発　行――2015年８月10日
■編　者――坂井一成
■発行者――中山元春
■発行所――株式会社 芦書房　〒101-0048 東京都千代田区神田司町2－5
電話 03-3293-0556／FAX 03-3293-0557
http://www.ashi.co.jp
■印　刷――モリモト印刷
■製　本――モリモト印刷

ISBN789-4-7556-1280-0　C0031